Licencia Creative Commons

Reconocimiento-NoComercial-SinObraDerivada 4.0 Internacional (CC BY-NC-ND 4.0)

© Zona de Estrategia, 2025

Título del monográfico:
El sentido común punitivo
Debates y resistencias desde los movimientos

Cuadernos de Estrategia, número 3, mayo de 2025
Suscripciones en www.zonaestrategia.net

PVP 12 €
ISSN: 3020-7991
ISBN: 978-84-19833-39-6
Depósito legal: M-7792-2024

Edita: Zona de Estrategia / Observatorio Metropolitano de Madrid
C/ Peñuelas 12, Madrid, 28005.
www.zonaestrategia.net

Produce: Traficantes de Sueños
C/ Duque de Alba 13, Madrid, 28012.
www.traficantes.net

Contenidos

Introducción

El presente es un tiempo asaltado por el miedo. Pandemias, guerras en Europa, genocidios en Oriente Próximo y eventos climáticos extremos se turnan para captar nuestra atención en medios y redes. Nos situamos entre no querer saber y buscar protección, pero la protección que se nos ofrece es la del Estado y tiene rostro policial.

El contexto es de creciente securitización, resultado directo de la profundización de las contradicciones inherentes al neoliberalismo. Donde la lucha por la redistribución o la desmercantilización de lo necesario para vivir parece en punto muerto, la solución autoritaria avanza en el control de los segmentos de población difíciles de integrar, de la mano de obra que se tiene que disciplinar. La salida a estas tensiones estructurales parece canalizarse por medio de medidas punitivas y represivas, lo que se traduce en un incremento significativo del rigor penal, a la vez que se expanden los cuerpos policiales y sus funciones sociales. El margen de acción de los que protestan se ve así progresivamente reducido por las multas, las falsas acusaciones policiales y los nuevos tipos penales.

Correlativamente, en los últimos años parece que se ha instalado un nuevo sentido común punitivo que explota el miedo como una estrategia política efectiva, dirigida a facilitar la aceptación de medidas represivas y a ampliar la aceptación pasiva de los abusos institucionales. Esta política se ha infiltrado también en los movimientos de base. El nuevo sentido común punitivo está relacionado con la identificación con el

Estado producida en y tras el fracaso del último ciclo político abierto en 2011. Si una parte cada vez más amplia de la acción de los movimientos se dirige a la demanda de derechos como único horizonte político posible, otra parece reclamar soluciones punitivas para problemas como el racismo, el sexismo, la homofobia o la discriminación. Ante el racismo o la homofobia se demanda así una ampliación de los delitos de odio; ante las agresiones sexuales, un código penal «mejor» que necesariamente acaba en un involuntario refuerzo penal —o en un cuestionamiento de las garantías procesales o los derechos de los penados—.

Aquí no se trata de negar los derechos alcanzados ni de dejar de pelear por algunos derechos necesarios, sino de reconocer que los derechos inscritos en el Estado son totalmente insuficientes. Por el camino no podemos olvidar también que reforzar el sistema penal impacta en la represión de nuestras propias luchas, como está sucediendo por ejemplo con los delitos de odio, al tiempo que relegamos a un segundo plano la generación de soluciones propias alejadas de la lógica del castigo.

El fortalecimiento del sistema penal tiene siempre un fuerte impacto sobre las personas más oprimidas y las posiciones más subordinadas. En este tiempo de crecimiento de las derechas radicales, las tensiones sociales están siendo canalizadas hacia la criminalización de los migrantes. Pero la focalización en las personas migrantes opera como una verdadera tecnología gubernamental destinada a gestionar los conflictos presentes y futuros mediante procesos de estigmatización y criminalización. La amenaza constante de la prisión se establece así como una herramienta efectiva de control, diseñada específicamente para disciplinar y subordinar a la fuerza laboral migrante e irregular, sometiéndola a un régimen laboral altamente precario, al tiempo que se la despoja sistemáticamente de sus derechos.

En definitiva, las figuras de protección estatal están definidas por una línea de clase y raza: aquellas que no temen a la policía son de clase media y tienen papeles. Para los demás, sugerir que la policía va a darles soluciones a la violencia que sufren es ignorar que buena parte de esa violencia es la que reciben de los propios cuerpos policiales, ya se trate de migrantes sin papeles, prostitutas, gitanos, trans pobres, personas a las que se desahucia o a quienes se castiga con la retirada de la custodia de sus hijos.

El sentido común punitivo nos ha hecho olvidar que el Estado sigue siendo una máquina de dominación y que los derechos convergen siempre con los poderes que refuerzan la estratificación social y las líneas de demarcación social, en modos que a veces amplían y otras veces atenúan esas mismas dominaciones y fronteras sociales. Como explica Wendy Brown, es preciso recordar que los derechos surgieron como un medio de protección frente a los abusos arbitrarios del soberano; pero también como un modo de asegurar y naturalizar los poderes dominantes de clase, género, etc.[1] El horizonte sigue siendo la emancipación de todo poder, no la protección estatal. La verdadera democracia se realiza en la exigencia de compartir ese poder, no en regularlo para obtener protección, recuerda de nuevo Brown.

Con el propósito de desarrollar esta crítica, en este número Nuria Alabao se centra en un aspecto de la criminalización de los migrantes: la racialización de la violencia sexual. En su intento por alertar sobre la gravedad de esta violencia y la necesidad de enfrentarla, el feminismo *mainstream* ha adoptado las formas del pánico moral, funcional al refuerzo penal, un marco que se adapta perfectamente al funcionamiento de unos medios siempre en busca de atención. En un escenario de auge de las extremas derechas, estos discursos son instrumentalizados para culpabilizar a los migrantes, aumentar la vigilancia en el espacio público y exigir más recursos policiales. Las acusaciones de agresión sexual —como ha sucedido históricamente en el imaginario colonial— están siendo utilizadas para someter y controlar ese específico segmento de la fuerza de trabajo. Estas construcciones también están irrumpiendo ocasionalmente en forma de disturbios racistas con ataques a albergues de migrantes o centros de menores no acompañados.

Por su parte, Albert Sales analiza a fondo un contexto político donde el populismo punitivo y la radicalización xenófoba se han convertido en elementos centrales de las estrategias electorales contemporáneas, especialmente por parte de las extremas derechas, que vinculan inmigración con delincuencia. El alarmismo securitario no responde a un aumento de la criminalidad sino que explota miedos sociales alimentados por la precarización, la desigualdad y la sensación de inseguridad. Estas políticas populistas aumentan la criminalización y la precariedad de los colectivos migrantes que se convierten en chivos expiatorios frente a los problemas estructurales.

El texto de Nora Rodríguez se centra en una de las figuras legales más promovidas por la izquierda: los delitos de odio. Aunque inicialmente se propusieron para proteger a colectivos vulnerables frente a agresiones racistas, xenófobas o por orientación sexual, hoy se han convertido, paradójicamente, en una herramienta usada profusamente para reprimir a activistas de izquierda, antifascistas, feministas y propalestinos. Desde su creación como agravante en 1995 hasta su consolidación como delito autónomo en 2015, la ambigüedad y la falta de precisión jurídica han facilitado su instrumentalización. Casos emblemáticos como el de Alsasua, la represión contra manifestaciones independentistas en Cataluña o la imputación a activistas por comentarios en redes sociales, reflejan cómo se han desvirtuado sus objetivos

---

[1] Wendy Brown, *Estados del agravio. Poder y libertad en la modernidad tardía*, Madrid, Lengua de Trapo, 2019.

iniciales, llegando incluso a aplicarse para proteger a policías o grupos neonazis. Además, partidos de extrema derecha y grupos ultraconservadores aprovechan este tipo penal para victimizarse mediáticamente y judicializar protestas legítimas contra ellos.

Laura Macaya Andrés inicia su artículo señalando cómo la demanda de protección a través del sistema penal constriñe el abordaje complejo de las violencias en un marco que reafirma y reproduce el orden existente. Analiza cómo un enfoque punitivo de las violencias machistas no solo genera efectos contraproducentes para las propias víctimas, sino que además perpetúa las dinámicas de exclusión y segregación que, paradójicamente, busca combatir. También se detiene en un aspecto frecuentemente desatendido: la subjetivación que imponen los lenguajes del castigo y su impacto en las posibilidades de recuperación, agencia y politización de quienes han sufrido violencia. Por último, aborda algunas propuestas y formas de ruptura que abren paso a una política del deseo, de la potencia y de la transformación radical no subordinada a la lógica de la penalidad neoliberal.

Marisa Pérez Colina analiza una tendencia creciente en los movimientos sociales hacia el punitivismo, entendido como la demanda de más leyes, penas más duras y un fortalecimiento del sistema penal como solución a diversas formas de violencia. Aunque estas demandas puedan surgir de la legítima necesidad de proteger a grupos históricamente vulnerabilizados, paradójicamente fortalecen al Estado que perpetúa las condiciones estructurales que generan dichas violencias. Para enfocar esta cuestión utiliza la aprobación de la Ley del solo sí es sí y los delitos de odio. Además, se cuestiona la instrumentalización de la víctima y la criminalización individual como estrategias despolitizadoras que desvían la atención de soluciones colectivas y estructurales.

Por último, cerramos este número con un texto de Sergio García que propone una mirada a formas alternativas de justicia para avanzar hacia una cultura del conflicto que supere la dependencia del sistema policial. Se explica aquí cómo se está produciendo un aumento constante del poder policial, tanto físico como simbólico. Pero también se narran experiencias alternativas de gestión del conflicto basadas en la justicia restaurativa y transformativa, como las rondas campesinas en Perú o la Guardia Indígena en Colombia. Igualmente se explican las lógicas alternativas de movimientos como Black Lives Matter y la campaña «*Defund the Police*» en EEUU, que apuesta por la necesidad de desinvertir en policía para fortalecer respuestas comunitarias basadas en la mediación, la reparación y la prevención. Finalmente, García explica las dificultades de trasladar estas experiencias a contextos urbanos europeos como España, reconociendo tanto las potencialidades como las complejidades que implica despolicializar y construir autonomía frente al Estado y sus mecanismos represivos.

Hombres jóvenes de piel oscura:
seguridad, femonacionalismo y refuerzo securitario

Nuria Alabao

«No crean que es fácil obtener estas imágenes. Debes sortear muchas dificultades. Y miren ustedes, como ningún medio las quiere, ni pretende emitirlas, pues yo las comparto para que todos podamos ver lo que llega a España en una patera desde el Magreb».[1] El vídeo tiene más de 147 mil visualizaciones en X. La gran revelación son distintos planos algo acelerados de hombres que bajan de barcos de rescate, haciendo fila mientras son escoltados por la policía. Hombres jóvenes de piel oscura. Machos jóvenes.

Las más de doscientas respuestas al tuit son muy parecidas:

Yo ya no entiendo nada... es una invasión en toda regla. De la cárcel a España. Combatientes. Pero qué está pasando? Porqué llegan tantos hombres? No entiendo. No son refugiados, no hay mujeres, ancianos y niños. Qué es esto? Menuda pinta de canis y delincuentes que se calza la mayoría. Estos no huyen como dicen los subnormales progres, estos nos traen la guerra y el hambre. Ni niños ni mujeres. Europa está importando jóvenes en edad militar que tarde o temprano se organizarán y formarán un ejército, que atacará desde el corazón de Europa. Dinero para las mafias y para las ONG, inseguridad para las mujeres... Se llama invasión y encima nos obligan a pagarlos con nuestros impuestos.

---

[1]Tuit publicado el 28 junio de 2023 por Rubén Pulido, un *influencer* de extrema derecha que a día de hoy tiene más de cien mil seguidores y que escribe habitualmente en *La Gaceta*, medio digital editado por el *think tank* de Vox, la Fundación Disenso. https://twitter.com/rubnpulido/status/1674118097005936645

Pueden parecer exabruptos propios de las redes, pero no se alejan tanto del marco utilizado por políticos ultras. Donald Trump habla a menudo de «invasión», de que llegan a EEUU «hombres en edad de luchar» que parecen «guerreros». «Esto es como una guerra», dice.[2] Pero la retórica es tenaz y constante y nos envuelve desde hace unos años, cuando las derechas radicales empezaron a ascender en Europa tras la crisis de 2008. «El gobierno se arroga la representación de las mujeres y luego trae a 183 jóvenes, varones en edad militar y que generan tanta sensación de inseguridad en el pueblo», dijo García-Gallardo, el que fue vicepresidente de Castilla-León por Vox mientras visitaba un hotel de Medina del Campo (Valladolid) donde se alojaron refugiados.[3]

La insistencia en preguntar dónde están las mujeres y los niños con los que podamos identificarnos —aquellos considerados débiles y necesitados de «protección»— tiene muchas implicaciones: que las mujeres son como niños, pero también que hay algo intrínsecamente peligroso en la masculinidad, en la masculinidad migrante. Sobre todo si son jóvenes. Cuatro de cada cinco migrantes —hombres y mujeres— sin papeles tiene menos de 40 años. Siete de cada diez migrantes irregulares varones está por debajo de los 30. Aunque las mujeres son mayoritarias en la población inmigrante irregular en España, ellas no ocupan tanto espacio en el discurso reaccionario, salvo cuando se perfilan como objetivo para la salvación o el rescate: del hijab, de la ablación, del «islam» siempre retrógrado.[4] «Los discursos alarmistas en España se enfocan en la inmigración irregular, en el mar y en las vallas, los escenarios más visibles, dramáticos y descontrolados, pero ese es un recorte muy pequeño de las migraciones. Aunque en el imaginario colectivo predomine la imagen del hombre africano que intenta cruzar desesperadamente el Atlántico en un barco que se rompe a pedazos, la realidad de los residentes en España nacidos en el extranjero es mucho más diversa. Y si alguien representa el inmigrante más común en España es una mujer latinoamericana de alrededor de 40 años», dicen en este informe de porCausa.[5]

Pero ya sabemos que la realidad no importa mucho cuando se trata de construir al enemigo. El discurso se fabrica sobre la

---

[2] Miguel Jiménez, «Biden tiende la mano a Trump en migración desde la frontera, pero el expresidente replica: "Es la guerra"», *El País*, 1 de marzo de 2024.

[3] J. I. Fernández, «Gallardo desata la polémica con su visita al balneario de Medina: "No a la invasión migratoria"», *El Español*, 26 de octubre de 2023.

[4] «Con Vox, España y sus mujeres libres no llevarán cárceles de tela. Quien quiera hijab que se vaya a Marruecos», dice Vox en redes sociales: https://x.com/vox_es/status/1897993014187802638

[5] Gonzalo Fanjul e Ismael Gálvez-Iniesta, *Extranjeros, sin papeles e imprescindibles: Una fotografía de la inmigración irregular en España*, Madrid, Fundación porCausa, junio de 2020.

inmigración irregular, el asalto a las vallas, la «invasión» y para ello la imagen de estos hombres resulta más útil. Tras el auge del feminismo de los últimos años, se ha construido algo así como una imagen negativa de la masculinidad; más allá del contenido sustantivo integrado en la construcción del rol, también se repudia su expresión de género, lo más visible, la proxémica, la forma de caminar y moverse, la manera de mirar. La masculinidad migrante, cuando es pobre y racializada, puede servir a la construcción de la sensación de inseguridad y la criminalización de todo un colectivo. Paradójicamente, esta es la mano de obra que se busca, joven y fuerte, para trabajar en los segmentos más explotados, que exigen también resistencia y fuerza física, trabajos en condiciones duras y precarias, aquellos que los «de aquí» ya no necesitan hacer. Se trata de jóvenes igualmente necesarios para una demografía declinante, en un país, cada vez más, de viejos. Brazos jóvenes, fuertes y oscuros para la agricultura, la ganadería y la pesca. También para la construcción. Y en el caso de las mujeres para el empleo doméstico, la hostelería y el trabajo sexual.

«¿El macho ibérico está en crisis?», pregunta una periodista a Santiago Abascal, líder de Vox. Este último: «(Ríe). No sé qué es el macho ibérico, pero el que no está en crisis es el macho magrebí. Está España llena. Veo que algunas feministas que rechazan al macho ibérico van a cambiarlo por el macho magrebí. Y creo que se van a arrepentir».[6]

Defender a «nuestras mujeres»

Lo que se vendió como una «crisis» de refugiados y la llegada espectacularizada de migrantes que situamos como punto nodal del crecimiento de las extremas derechas en Europa está convirtiéndose en una crisis de vigilantismo; de crecimiento de los ataques de extrema derecha en las calles de muchas ciudades. En España, en lugares como Almonte (Huelva) se concentra una importante población extranjera de hasta diez nacionalidades, mano de obra indispensable para la producción de frutos rojos. Recientemente se han estado organizando patrullas ciudadanas nocturnas a la «caza del inmigrante».[7] Solo en 2022, en Reino Unido, se produjeron al menos 253 manifestaciones de protesta y ataques a hoteles que alojaban a solicitantes de asilo.[8] En Alemania, el año siguiente, se reportaron al menos sesenta y cinco

---

[6] Ana Del Barrio y Sergio Enríquez-Nistal, «Santiago Abascal: "Algunas feministas que rechazan al macho ibérico lo van a cambiar por el macho magrebí"», *El Mundo*, 5 de agosto de 2024.

[7] Natalio Blanco, «Vecinos de Almonte organizan patrullas nocturnas a la caza del inmigrante», *Diario16plus*, 13 de septiembre de 2024.

[8] Ashley Pemberton, «Anti-immigration protesters clash with police outside hotel housing asylum seekers», *The Independent*, 19 de febrero de 2023

ataques a albergues de refugiados, con al menos dos solicitantes de asilo diarios agredidos.[9]

Hoy en muchos lugares de esta Europa en crisis, se extiende el rumor —aunque no sea cierto— de que una agresión ha sido perpetrado por migrantes o refugiados, especialmente por musulmanes. Y esto puede desencadenar protestas, disturbios o ataques a refugiados o centros de migrantes. Dos alarmas sociales confluyen aquí. Por un lado, el miedo al terrorismo islámico —construido a partir de 2001 con los ataques a las Torres Gemelas de Nueva York y los ataques yihadistas en Europa—. A esto se suma esta nueva versión de un viejo pánico: la violencia sexual racializada; los hombres negros, los musulmanes como depredadores.[10] Uno de los principales pánicos morales que ha proporcionado munición a los ataques de la extrema derecha contra los refugiados y los solicitantes de asilo en Europa es la instrumentalización de la violencia contra mujeres y niñas.[11]

Por ejemplo, en febrero de 2023, en la localidad de Knowsley —un distrito de los más pobres del noroeste de Inglaterra—, un hotel que alojaba a solicitantes de asilo fue atacado con artefactos incendiarios. El detonante: un rumor que circuló por redes sociales según el

---

[9] Sophia Siddiqui, «Attacks on asylum housing: fighting the weaponisation of gender-based violence», *Institute of Race Relations*, 2 de marzo de 2023.

[10] Para un análisis de casos que suceden en otros lugares de Europa como Alemania o Italia ver Gaia Giuliani, Sofia Santos y Júlia Garraio, «Online Social Media and the Construction of Sexual Moral Panic Around Migrants in Europe», *Socioscapes. International Journal of Societies, Politics and Cultures*, vol. 1, núm. 1, 2020, pp. 161–179.

[11] Durante el verano de 2024, se produjeron en Inglaterra una serie de disturbios de extrema derecha contra migrantes, refugiados y musulmanes que ocuparon los telediarios de toda Europa. Estos disturbios incluyeron ataques a mezquitas, incendios de hoteles que alojaban a solicitantes de asilo y enfrentamientos directos con la policía. Por ejemplo, en Rotherham y Tamworth, se incendiaron hoteles de la cadena Holiday Inn que albergaban a los migrantes. Los disturbios se desencadenaron tras el apuñalamiento masivo en Southport, Merseyside, en el noroeste del país, en el que tres niñas murieron y otras diez personas resultaron heridas, ocho de ellas menores. En un principio, circularon rumores en redes sociales que atribuyeron el ataque de manera errónea a «un inmigrante musulmán solicitante de asilo». Sin embargo, al final el acusado del hecho fue Axel Rudakubana, un ciudadano británico de 17 años nacido en Cardiff de padres ruandeses. Aprovechando los temores y ansiedades relacionados con la crisis de la vivienda, un sistema sanitario sobrecargado y la crisis económica, la extrema derecha está aprovechando la oportunidad para culpar a una minoría vulnerable, lo que permite que las protestas contra la inmigración ganen terreno rápidamente. Según la investigadora Sophia Siddiqui, no es casualidad que las zonas atacadas se enfrenten a una grave escasez de vivienda y a algunos de los niveles más altos de privaciones sociales. Ver un análisis más detallado en Sophia Siddiqui, «Attacks on asylum housing: fighting the weaponisation of gender-based violence», *Institute of Race Relations*, 2 de marzo de 2023 y en Blanca Garcés, «Más allá de la desinformación: las causas de los disturbios raciales en el Reino Unido», CIDOB, septiembre de 2024.

cual uno de los refugiados alojados en el hotel había intentado «seducir» a una adolescente.[12] En seguida, actores de extrema derecha relacionaron este hecho con una narrativa que ha tenido especial relevancia en este país desde hace tiempo, la de las «bandas musulmanas de captación de menores» [muslim grooming gangs]. Entre las décadas de 1990 y 2010, varias ciudades del Reino Unido, como Rotherham, Rochdale y Oxford, fueron escenario de escándalos de explotación sexual infantil. Las investigaciones revelaron que grupos de hombres, predominantemente de origen pakistaní, habían abusado sexualmente de menores, en su mayoría niñas blancas de entornos vulnerables. Estos hechos suscitaron una intensa cobertura mediática y debates públicos galvanizados en la etnicidad de los perpetradores.[13] La atención se centró excesivamente en la pertenencia étnica de los agresores, desviando el foco de la problemática más amplia de la explotación sexual infantil. Este caso fue explotado hasta la saciedad por parte de las extremas derechas locales, que apuntaron también a las autoridades como cómplices de inacción por su miedo a «parecer racistas».[14]

Un ejército de niños migrantes nos acecha

Unas personas concentradas delante de un chalé gritan consignas ininteligibles en la oscuridad de la noche. Las imágenes provienen de un vídeo grabado por uno de los manifestantes y serán posteriormente retransmitidas por televisión, mientras un comentarista resalta su carácter «pacífico». Es la «paz» de unos vecinos del municipio de Villalbina, en la Comunidad de Madrid —16.000 habitantes—, que protestan contra un centro de menores por segunda vez en poco tiempo.

---

[12] Liz Fekete, Liam Shrivastava y Sophia Siddiqui, «Mainstreaming Hate: How the Right Exploits the Crisis to Divide Us», *Institute of Race Relations*, 3 de septiembre de 2024.

[13] Uno de los casos más destacados es el de Rotherham, donde el informe Jay estima que alrededor de 1.400 niñas fueron víctimas de abuso entre 1997 y 2013. (Alexis Jay, *Independent Inquiry into Child Sexual Exploitation in Rotherham*, 1997-2013, Rotherham Metropolitan Borough Council, 2014). Las fuerzas policiales locales y los servicios sociales han sido criticados en repetidas ocasiones por fallar a las víctimas, al no dar prioridad a este tipo de delitos, bien por negarse a creer a los niños, bien por culparles. Se consideraba que los niños vulnerables habían provocado su situación, después de que los agresores les ofrecieran regalos y atención. Este caso en concreto muestra como las ideas racistas sobre las «bandas musulmanas que captan menores» no se limitan a los grupos de extrema derecha, sino que también aparecen en discursos liberales *mainstream*. Ella Cockbain y Tufail, Waqas, «Failing victims, fuelling hate: challenging the harms of the 'Muslim grooming gangs' narrative», *Race & Class*, núm. 61(3), 2020, pp. 3-32.

[14] Recientemente, Ellon Musk acusó a través de X al primer ministro británico, Keir Starmer, de ser «cómplice de la violación de Gran Bretaña», por las «cientos de miles de niñas británicas que fueron blanco de violaciones en grupo y asesinato». *Euronews*, «Euroverify: ¿Qué hay detrás del escándalo de violaciones por el que Musk ataca a Starmer?», *Euronews*, 8 de enero de 2025.

Unos días antes, una menor del pueblo había denunciado por agresión sexual a uno de los menores migrantes magrebíes allí alojado. La prensa define la agresión como acoso callejero y tocamientos en la calle; «le chuparon la cara», recoge uno de los relatos mediáticos.[15] Independientemente de su gravedad, tras la nueva Ley de libertad sexual —conocida como la Ley del solo sí es sí—, cualquier acto de este tipo puede ser calificado de agresión. Lo que en el pasado ciclo feminista se vendió como un gran logro, permite calificar estos hechos así. La referencia a este imaginario construido puede recoger desde una violación con violencia extrema hasta un tocamiento en la calle, lo que contribuye a aumentar la sensación espectacular de peligro y urgencia cuando la noticia no concreta. El menor es detenido, puesto en libertad con cargos y trasladado a otro centro, sin embargo, las protestas continúan. La gente entrevistada señala el centro como un riesgo para las jóvenes del pueblo. Y los riesgos hay que atajarlos.

Unos días después el ayuntamiento cierra el centro de menores. Clausuran el espacio porque la acción de una persona concreta, contamina a todo un colectivo y se convierte en característica común. Así funciona el racismo. Si uno ha cometido una falta, todos los miembros del colectivo—los migrantes, los «menas»— son sujetos peligrosos independientemente de sus actos pasados, presentes o futuros. Así se construye la extrema derecha. Los menas no son niños ni adolescentes son otra cosa, una categoría especial, un gran peligro.

Pocos meses antes se habían producido otros altercados en varios municipios de la Sierra de Madrid bajo el mismo marco de la «inseguridad», aunque esta vez el factor de pánico sexual no pareció central. Los vecinos de algunas localidades —El Vellón, Pedrezuela y El Molar— protestaron frente al centro de menores tutelados de la primera localidad e incluso acabaron golpeando a los trabajadores del centro. La «solución» de la presidenta de la Comunidad de Madrid, Isabel Díaz Ayuso, ha sido llevarlos lejos de la «civilización». Se ha abierto un macrocentro para menores inmigrantes en un polígono industrial en Fuenlabrada: un edificio completamente alejado de cualquier servicio donde más de cien menores estarán aislados, sin atención.

Las protestas e incluso los ataques extremadamente violentos a centros de menores no son algo nuevo. Se suceden como un insidioso goteo desde principios de la década 2000, pero han escalado estos últimos años.[16] La excusa general es la «inseguridad», pero

---

[15] Agencias, «Cierran una casa de acogida para menores en Madrid tras una denuncia por agresión sexual», *La Vanguardia*, 24 de agosto de 2024.

[16] En 2001 en Loiu, Vizcaya un encapuchado lanzó un cóctel molotov al interior de un centro de menores, pero estos casos se han multiplicado en los últimos años por buena parte de la geografía española. (Ahoztar Zelaieta, «La Ertzaintza recluta confidentes para vigilar a migrantes tutelados en los centros de menores», *El Salto*, 11 de julio de 2024). En 2019, en el centro de menores de Hortaleza (Madrid) apareció una

muchas veces, las agresiones más brutales vienen espoleadas por un pánico sexual, como el ataque que se produjo al centro de menores de El Masnou (2019), donde algunos de ellos acabaron heridos. El detonante en este caso fue también una supuesta agresión sexual a una joven por parte de un menor extranjero.[17] «Proteger a nuestras mujeres» es una narrativa de larga data que resurge tenazmente: «Ya lo veis, se quieren follar nuestras mujeres y la policía los defiende a ellos», decía un participante en lo que fue el primer disturbio racista en España en 1999 en el barrio de Ca n'Anglada (Terrassa), aunque el origen de los ataques estuvo relacionado con la actividad de los skin heads.[18] En estas narrativas persiste un refuerzo de los roles patriarcales, donde hombres «muy hombres» deben estar dispuestos a usar la fuerza para «proteger» a las mujeres siempre representadas como necesitadas de protección.

Espoleado sobre todo por los partidos de extrema derecha y por el crecimiento del ecosistema ultra, los menores migrantes se han convertido en el blanco de todos los pánicos morales sobre el crecimiento de la inseguridad, donde la sexualidad tiene casi siempre un papel destacado. El espectáculo de los últimos años ha sido el de políticos y partidos peleando por deshacerse del deber de acogerlos. Un tema tan central que ha ocupado los telediarios, así como negociaciones políticas interminables. Porque los menas no son niños, sino delincuentes que vienen a asustar a nuestras abuelas y a violar a nuestras mujeres. No solo se les niega así la protección, se les constituye como El Peligro hecho carne. Con ellos, la ultraderecha apuntala la imagen de esa muchedumbre de desarrapados violentos que cerca Europa. Blanco de titulares sensacionalistas, algaradas racistas y acoso policial, se ven relegados a una situación de cuarentena social. No pueden acceder a la mayoría de los espacios de socialización normalizados. No pueden tener vidas normales.

Cuando hablamos de «cuidados» no los tenemos en mente. Sucede con los niños migrantes, pero sucede en general con los niños y niñas tutelados, que resurgen con tenacidad y constancia en los titulares

---

granada de mano que no llegó a explotar —no se sabe si únicamente se lanzó como amenaza o había una intención real de que explotase—. Cataluña ha protagonizado muchos de estos ataques. Ese mismo año se extendieron las protestas y agresiones en lugares como Rubí (2019), contra la instalación de un centro; en Castelldefels (2019), donde un grupo de encapuchados asaltó varias veces un centro de menores tirándoles piedras; y en Canet de Mar. En 2012 en Torredembarra, el centro fue destrozado; varios menores resultaron heridos, uno de ellos de gravedad.

[17] Vox ha decidido poner al frente de su sindicato, Solidaridad, a Jordi de la Fuente, exdirigente del partido neonazi MSR (Movimiento Social Republicano) para quien el fiscal pide dos años y dos meses de cárcel por este asalto.

[18] Ander Zurimendi, «Ca n'Anglada todavía lucha contra el estigma de los disturbios racistas de 1999», *Público,* 18 de marzo de 2019.

por haber sido prostituidos, por ser víctimas de agresiones[19] o por ejercerlas. Sobre todo ocupan titulares cuando se meten en problemas, pocas veces cuando son objeto privilegiado de las múltiples violencias de las que son objeto. La crisis de cuidados es la falta de responsabilidad colectiva respecto a los niños que llegan. En los centros de menores, los niños desaparecen,[20] sufren agresiones e incluso mueren por contenciones mecánicas.[21]

Estos menores son dibujados como amenaza sexual, pero lo cierto es que demasiado a menudo la libertad sexual que se vulnera es la suya. La prensa recoge a menudo casos de abusos en los centros de acogida, mundos de por sí muy opacos; de los que solo nos llega una parte muy pequeña de lo que realmente sucede. Al menos 1.100 menores tutelados por las comunidades autónomas han denunciado abusos sexuales desde 2019 y la mayoría no lo cuenta.[22] Recientemente en Madrid, unos trabajadores han acusado a sus compañeras de tener relaciones con menores migrantes.[23] Al ser menores, el nombre del delito es violación, sean o no consentidas, pero la prensa —o el feminismo— no sabe cómo tratar el caso de mujeres agresoras de niños migrantes que no encaja en los moldes establecidos para explicar el funcionamiento de la violencia. No se arma revuelo. Mientras lo que algunos medios de derechas reflejan suena a «¿lo veis? también las mujeres abusan».

Muchos salen de estos centros de acogida a los 18 años y no tienen dónde ir ni qué hacer. Se ven expulsados del sistema de protección sin alternativas claras de futuro en un país donde la media de emancipación de los jóvenes es de más de 30 años. Aquellos con más suerte conseguirán apoyo y papeles y quizás estudien y logren tener un trabajo no demasiado humillante. Pero muchos, demasiados, ¿la mayoría? dormirán en trastiendas, en cocinas, en campos, cobrando veinte euros la jornada, o sin cobrar; se prostituirán, dormirán en la calle, en lugares abandonados u ocupados de donde serán desahuciados. Para aquellos que no tendrán posibilidad de integrarse, quizás el recurso a la delincuencia

---

[19] Redacción de Menéame, «Cómo es ser una chica menor tutelada por la Comunidad de Madrid», *Menéame*, 6 de febrero de 2021.

[20] R. B., «El Gobierno de Ayuso reconoce la desaparición de hasta 34 niños en dos de sus centros de menores en 2024», *El Plural*, 27 de octubre de 2024.

[21] María Martín y Guillermo Vega, «La Fiscalía investiga cuatro casos de abusos y malos tratos en los centros de menores migrantes de Canarias», *El País*, 30 de septiembre de 2024.

[22] Juan José Mateo, Patricia Peiró y Javier Martín-Arroyo, «Al menos 1.100 menores tutelados por las autonomías han denunciado abusos sexuales desde 2019», *El País*, 21 de marzo de 2025.

[23] Luis F. Durán, «Trabajadores y menores del centro de la Casa de Campo denuncian que varias educadoras tienen relaciones sexuales con menas: una empleada fue despedida y a otra no se le renovó», *El Mundo*, 20 de febrero de 2025.

y el trapicheo sea una forma de rechazo al trabajo megaexplotado que les aguarda.[24] Describir a estos jóvenes como amenaza a la seguridad o como amenaza para las niñas y mujeres estimula las agresiones racistas y sirve para aumentar su criminalización, su exclusión y también para reprimir esa huida del trabajo, la principal función del sistema penal junto con la preservación de la propiedad privada.

Femonacionalismos al rescate de la nación

En los últimos años en Europa asistimos a una intensificación de la vigilancia fronteriza, al control y seguimiento de los no europeos, la clasificación de los cuerpos según la raza o el origen migratorio, la construcción de muros y vallas y el desarrollo de sistemas de detención y securitización y la promoción de políticas antiinmigrantes. Aunque no solo es consecuencia de la emergencia de las derechas radicales, las narrativas estimuladas por estas conectan a la perfección con los miedos sociales existentes: miedo a caer, a no poder seguir pagando la hipoteca, a que los hijos no puedan seguir perteneciendo a la misma clase social de los padres, a un mundo que se presenta como ajeno, cambiante —en pueblos o ciudades cuya demografía se reconfigura—, un mundo lleno de amenazas. La racialización y extranjerización proporcionan una explicación transparente para determinadas desigualdades y al tiempo configuran una frontera simbólica y material que, a diferencia del resto de miedos, deja a salvo a los blancos. Da igual lo que te pase, nunca serás forastero, nunca estarás tan abajo, y a cambio recibirás las migajas simbólicas de la pertenencia a la nación, la triste legitimidad del linaje de los blancos.

Para construir ese racismo, las líneas discursivas se reconfiguran: ya no se habla de razas inferiores, sino de culturas «diferentes». En esa

---

[24] En la década de 1970 esta línea de interpretación política de la delincuencia fue relevante en los colectivos negros de Gran Bretaña como recogió la revista *Race Today*, por ejemplo, en Howe, «Fighting Back»; I. MacDonald, «The Creation of the British Police», *Race Today*, diciembre de 1973; y F. Dhondy, «The Black Explosion in Schools». Los altos niveles de desempleo juvenil negro se reinterpretaron aquí como parte de un «rechazo al trabajo» político consciente. Esto significaba que este sector de la clase se niega a entrar en competencia con los que ya tienen trabajo productivo. Este rechazo se articulaba contra la explotación y contra la opresión a dos niveles diferentes: como trabajadores negros (superexplotación) y como minoría racial (racismo), también se trataba de evitar esas humillaciones a las que se veían sometidos. Stuart Hall *et al*, *Gobernar la crisis. Los atracos, el Estado y «la ley y el orden»*, Madrid, Traficantes de Sueños, 2023, pp. 527 y 528. El rechazo al trabajo en los jóvenes «integrados», desertores de una meritocracia en la que han dejado de creer, se expresa en la búsqueda de «dinero fácil» a través de la inversión en criptomonedas y la aspiración a una vida de lujo con el mínimo esfuerzo. Son las vidas que aparecen reflejadas en el éxito de los *influencers* que promocionan este marco. Sin embargo, entre los que no tienen ni tendrán para invertir, y cuyas posibilidades de integración a través de trabajos menos explotados son menores, este rechazo se convierte en una orientación al trapicheo.

diferencia se esconde también el supremacismo. «Rechazamos enérgicamente los abusos continuados y el trato humillante que reciben las mujeres en muchos países no occidentales donde la trata sexual, el matrimonio forzoso o la ablación son prácticas sistemáticas, que atentan contra la dignidad e intimidad de la mujer», tuitea Vox.[25] En estos discursos, la cultura occidental ha llegado a cotas de excelencia y amor por la libertad, difícilmente alcanzables por los otros, que serán siempre considerados ajenos, así sucede con el musulmán representado como «inintegrable». La integración aquí es el punto de vista del dominante sobre el dominado, ya que el dominante considera siempre que el dominado no está integrado, es decir el orden al que se tienen que integrar es el de la explotación, aceptando su papel subordinado.[26] Si en algún momento este concepto se entendió como el resultado de un proceso de arraigo social vinculado a vivir en un territorio determinado, hoy se representa como «una cuestión exclusiva de adopción de la cultura de la sociedad "de acogida", que se supone única y homogénea». Este giro culturalista nunca es insignificante. A menudo caracteriza y acompaña los procesos de dominación, proporcionándoles un marco explicativo y un discurso de legitimación, dice Saïd Bouamama.[27]

La sexualidad y la violencia sexual también desempeñan un papel importante en este marco de la política neonacionalista y racista que se ha reforzado en muchos países europeos durante la última década. Para construir esa alteridad, las derechas radicales recurren a una narrativa vieja, ahora actualizada: la de la protección de las mujeres y los niños frente a la «amenaza» de los hombres de otras etnias o minorías sociales. En el contexto de un creciente pánico moral ante la supuesta invasión descontrolada de inmigrantes y solicitantes de asilo y sus consecuencias en términos de la supuesta violación del cuerpo simbólico y físico de la «comunidad imaginada»,[28] esta comunidad nacional se fabula como superior. Es igualitaria en materia de género, tolerante con las minorías sexuales, al tiempo que se construye contra las nociones del otro patriarcal, intolerante e incluso dependiente del Estado del bienestar, esto es, contra los cuerpos de los inmigrantes y las minorías racializadas.[29]

---

[25] Tuit publicado por la cuenta oficial de Vox el 25 de noviembre de 2019 en el Día Internacional para la Eliminación de la Violencia contra la Mujer: https://twitter.com/vox_es/status/1198925435125542913

[26] Didier Lapeyronnie, «Quelle intégration?» en Bernard Loche y Christophe Martin (coord.), *L'insécurité dans la ville: changer de regard*, París, L'Œil d'or, 2003, p. 95. citado en Saïd Bouamama, *De las clases peligrosas al enemigo interior: Capitalismo, migraciones, racismo*, Madrid, Traficantes de Sueños, 2025.

[27] Bouamama, *De las clases...*, p. 165.

[28] «Online Social Media and the Construction...».

[29] Suvi Keskinen, «The "Crisis" of White Hegemony, Neonationalist Femininities and Antiracist Feminism», *Women's Studies International Forum*, vol. 68, 2017, pp. 51-58.

Dos elementos convergen aquí y alimentan esta construcción. Uno es histórico: la asociación de la violencia sexual a los varones racializados sigue una línea que se puede rastrear al menos hasta la colonización. Esta ha resurgido tenazmente cada vez que se mostraba útil para encarar una época de crisis o inestabilidad. El otro está relacionado con el empuje del feminismo de la última ola, que ha conseguido tematizar esta violencia sexual como un tema de preocupación pública incluso de alarma social en algunos países europeos.

Sin embargo, contra todo el esfuerzo del feminismo por explicar que la violencia sexual o de género es una cosa cotidiana, propia del hogar y de la familia, las extremas derechas la atribuyen al espacio público, a los desconocidos que acechan en el espacio público, ahora contaminado por los que vienen de fuera. La violencia, por tanto, sería algo excepcional y no ordinario. Aunque la realidad de los datos se muestra tenaz, estos siempre pueden ser obviados en una esfera pública donde las verdades son recreadas a golpe de tuit o de TikTok. Las derechas radicales no dudan así en cabalgar estos discursos de «protección de las mujeres», «nuestras mujeres», para construir su proyecto de supremacía nacional, señalando a los migrantes o a los musulmanes como principales responsables de la violencia sexual. Santiago Abascal siempre que puede asegura esta asociación, e incluso la extiende a los casos más graves de violaciones múltiples. En esta instrumentalización hace desaparecer además a las víctimas convirtiéndolas en un arma al servicio de una agenda racista.[30] Cuando los agresores son europeos, la violencia se individualiza, se judicializa o se convierte en debate feminista. Mientras que cuando son racializados, la violencia se colectiviza, se culturaliza y se convierte en una herramienta de reforzamiento del nacionalismo blanco.

Aquí la racialización de los cuerpos funciona de forma diferente según el género de las personas. Los hombres de origen extranjero no occidental —en especial los migrantes de origen árabe, de cultura musulmana o los migrantes negros— se representan como amenazas sexuales, culturales y económicas,[31] mientras que las mujeres musulmanas aparecen siempre como víctimas necesitadas de salvación,[32] lo

---

[30] Sophia Siddiqui, «Attacks on asylum housing: fighting the weaponisation of gender-based violence», *Institute of Race Relations*, 2 de marzo de 2023.

[31] Sara R. Farris, *En nombre de los derechos de las mujeres. El auge del feminacionalismo*, Madrid, Traficantes de Sueños, 2021.

[32] El estereotipo aquí es el de la víctima sin capacidad de agencia cuyas decisiones son tomadas en su nombre por determinados hombres. Las mujeres no representarían un peligro económico, pero sí cultural, en tanto potenciales reproductoras biológicas de «su» cultura. De ahí la urgencia, la presión y el interés de las sociedades occidentales por asimilarlas lo más rápidamente posible a «la cultura» del país de acogida, ya que ellas son, al fin y al cabo, las madres de las futuras generaciones. Representado en el debate sobre el hijab en las escuelas o el espacio público en países como Francia se

que Sara Farris llamó femonacionalismo.[33] Este concepto sirve para explicar cómo las estrategias discursivas de las extremas derechas europeas pueden converger con estas feministas en su supremacismo occidental. Como explican Ángeles Ramírez y Laura Mijares, para este feminismo, la diversidad cultural se reconoce de una manera muy limitada: solo hay una naturaleza humana digna, una sola vida buena, una sola manera de organizarla, y quien no se adapte ha de ser «civilizado» aunque sea a la fuerza.[34] Estas imágenes generadas sobre las mujeres musulmanas en España en tanto víctimas sin duda han de tener un reverso: el de los hombres musulmanes como opresores, algo que de nuevo, sería «inherente» a su cultura.

Las líneas de sexualización del racismo se han extendido a casi todos los partidos de derecha radical europea —y sus homólogos culturales o mediáticos— y hoy constituyen una de sus estrategias principales, que les sirve para golpear a los migrantes y a los musulmanes, y al mismo tiempo a las feministas y los partidos de izquierdas —que «ocultan la nacionalidad o la religión de los agresores de manera intencionada»—. Todo ello al servicio de la construcción de una sensación de inseguridad, para la que la receta es siempre el cierre de fronteras, mano dura, más policía y más recursos para las fuerzas de seguridad.[35]

---

evidencia su extensión a buena parte del arco político parlamentario e incluso al feminismo, sobre todo el más institucional. Aquí en España, aunque esas prohibiciones no están tan avanzadas, cada vez que resurge la polémica, vemos emerger también un sector del feminismo alineado con estas posiciones

[33] Amelia Valcárcel —y otras autoras de esta corriente— afirman que «vivimos en una civilización feminista», que la «civilización occidental es la primera en la historia que tiene ese rasgo presente». Es decir, nuestras sociedades serían superiores a las demás. Para este feminismo civilizatorio, solo hay un feminismo válido —el que ellas representan— y esa supuesta superioridad les permite negar a otros sujetos, ya sean personas trans, trabajadoras sexuales o mujeres musulmanas que desean liberarse en sus propios términos. Es el mismo sector transexcluyente —o que se aproxima bastante a ello— que se opuso a la ley de autodeterminación de género y, en su versión más radical, recurre a la guerra cultural y a toda su artillería retórica para alimentar pánicos morales sobre el «borrado de las mujeres». Además, esta postura suele ir de la mano del abolicionismo del trabajo sexual, que no duda en criminalizar a las prostitutas, aunque sea de forma indirecta, en su cruzada por «salvarlas». Sara Farris también ha explicado cómo esta idea de «liberar a las musulmanas» —que en la práctica implica su incorporación al mercado laboral— es funcional a la hora de ampliar el ejército de trabajo disponible en el sector de cuidados, algo que, indudablemente, beneficia a las sociedades receptoras. Ver Amelia Valcárcel, *La civilización feminista*, Madrid, La Esfera de los Libros, 2023.

[34] Ángeles Ramírez y Laura Mijares, *Los feminismos ante el islam: El velo y los cuerpos de las mujeres*, Madrid, Los Libros de la Catarata, 2021.

[35] «Están llenando las calles de gente que piensa que las mujeres son objetos que se pueden maltratar. NO queremos a estos bárbaros en España. NO queremos a las mujeres en peligro», dice este tuit de Vox donde se adjunta un vídeo de un hombre pegando

Pero lejos de ser una construcción exclusiva de movimientos y partidos de extrema derecha, la imagen de los inmigrantes y refugiados varones como delincuentes potenciales, hipersexuales y agresivos es compartida por un amplio espectro de formaciones políticas y por una parte significativa de la opinión pública.

Podemos rastrear en la historia europea el hilo que conecta sexismo y racismo. Desde hace siglos, la sexualidad ha sido un instrumento central en las relaciones de poder del proyecto colonial. Las formas de violencia sexual racializada tienen raíces profundas y muestran cómo los legados colonialistas y racistas, sedimentados históricamente, vuelven a emerger. Se pueden rastrear desde la propia configuración del régimen colonial, donde las mujeres blancas eran una propiedad que había que defender y donde la violencia sexual se utilizaba como una amenaza para contener a las propias mujeres blancas responsables de mantener la «pureza de la raza».[36] Se buscaba, de este modo, prevenir cualquier relación entre mujeres blancas y personas colonizadas, bajo la amenaza constante de que los varones pudieran ser acusados de violadores. Al mismo tiempo, las violaciones no se entendían como un atentado contra la libertad sexual de las mujeres, sino como un ataque a la propiedad de los varones blancos. [37]

En palabras de Elsa Dorlin: «Es en nombre de defender a las mujeres blancas que se ha justificado y todavía se justifica la esclavitud, las políticas colonialistas e imperialistas. Desde el siglo XVIII hasta la actualidad, los estados racistas han usado esta retórica para justificar la violencia: las mujeres, la nación, las fronteras, la civilización, deben ser defendidos de los pueblos, religiones y culturas considerados

---

a una mujer donde se puede leer: «Un extranjero golpea brutalmente a una mujer en Torre-Pacheco». Le sigue un discurso de Abascal donde dice: «Desde que llegó Pedro Sánchez se han multiplicado por tres las violaciones de mujeres en España y eso ocurre por algo, ocurre porque los sacan de la cárcel a los violadores y porque traen a otros que no respetan a la mujer para nada y que piensan que es un simple objeto al que se puede maltratar»: https://x.com/vox_es/status/1900545495061151783.

[36] El discurso de la amenaza sexual, que presentaba a los hombres racializados como violadores de mujeres blancas, fue un recurso clave para sostener las jerarquías raciales y legitimar la política colonial. Las mujeres blancas no solo participaban en estas normas racializadas, sino que también se beneficiaban de ellas, aunque su propia sexualidad quedaba restringida por esos mismos códigos morales. Suvi Keskinen, «The "Crisis" of White Hegemony, Neonationalist Femininities and Antiracist Feminism», *Women's Studies International Forum*, vol. 68, 2017, pp. 51-58.

[37] Por ejemplo, en los Estados Unidos de la era Jim Crow —el sistema de segregación instaurado tras la Guerra Civil y el fin de la esclavitud, y vigente hasta la década de 1960— se consolidó un régimen racializado de terror sexual, donde las acusaciones de violación se utilizaban sistemáticamente para frenar el ascenso social y bloquear la igualdad efectiva de los hombres negros. Ver Angela Davis, *Mujeres, raza y clase*, Madrid, Akal, 2004 y Elsa Dorlin, *La matriz de la raza: genealogía sexual y colonial*, Tafalla, Txalaparta, 2020.

"bárbaros". Las políticas de intervención se basaron en el mismo modelo, en la idea de que las mujeres deben ser "liberadas" en un territorio particular (es decir, liberadas de sus hombres, por ejemplo en la Argelia colonial, o después del 9/11 en Afganistán). Al mismo tiempo, si repasamos la historia de los derechos y libertades de las mujeres, en Francia por ejemplo, mientras muchas políticas racistas se llevan a cabo a sus espaldas y en su nombre, se las sigue considerando como una minoría violentable».[38]

A partir de estas líneas de continuidad se construye el Otro masculino poscolonial como incivilizado, violento, hipersexual y socialmente peligroso. De esta manera, en línea con las narrativas coloniales, se consolida la imagen del hombre extranjero, racializado o musulmán como amenaza; una figura que condensa los pánicos sexuales reactivados —de forma ambivalente— por el feminismo, o al menos por una parte de él.

Atrapadas en el terror: pánicos morales y la construcción de la sexualidad

Desde sus orígenes, y especialmente desde la década de 1970 el feminismo ha luchado por que se reconozcan como violencia hacia las mujeres agresiones que antes estaban normalizadas o invisibilizadas, como la violación dentro del matrimonio o el acoso laboral. Entre 2016-2024, el último ciclo feminista en España —y en otros países occidentales— ha estado muy centrado en la cuestión de la violencia. El objetivo ha sido alertar sobre su persistencia, así como sobre su silenciamiento en muchos contextos. Como explican Catalina Trebisacce y Cecilia Varela, el paradigma de la violencia de género no es solo un conjunto de legislaciones y medidas penales, es también «un marco de interpretación sobre las relaciones de género». Dentro de este marco, al intentar alertar sobre la extensión de la violencia sexual, se ha reforzado su representación como omnipresente. La pregunta es si este cuadro se aproxima al propio de los «pánicos morales» que, según Stanley Cohen, se producen cuando ciertos hechos son sobredimensionados simbólicamente y tratados como amenazas desestabilizadoras del orden moral, más allá de su frecuencia estadística o de su particular contexto social.[39] No parece difícil reconocer que en estos

---

[38] Entrevista a Elsa Dorlin, «La cuestión de la violencia ante los chalecos amarillos revela una crisis democrática histórica en Francia», *Viento Sur*, 27 de marzo de 2019.
[39] Cohen define el pánico moral como «una condición, episodio, persona o grupo de personas que emerge y es definido como una amenaza para los valores e intereses de la sociedad; su naturaleza es presentada de forma estilizada y estereotipada por los medios de comunicación; las barricadas morales son ocupadas por editores, obispos, políticos y otras personas de bien; expertos socialmente acreditados emiten sus diag-

años se ha producido algo parecido a estos pánicos, anclados en las lógicas del reconocimiento individual, el espectáculo del escándalo y la inflación punitiva.

Algunos elementos en el tratamiento de estas cuestiones nos permiten sostener esta hipótesis. Así ocurre, por ejemplo, en lo que se refiere a la guerra de cifras y el protagonismo adquirido por las estrategias cuantitativas: encuestas, observatorios y estudios oficiales que buscan impactar sobre la opinión pública con números elevados, los más elevados posibles. Deliberadamente, se ha adoptado una suerte de marco expansivo que hace que la violencia parezca aún más amenazadora.[40] Un ejemplo es la codificación de actos, como una mirada lasciva o un comentario sobre el cuerpo, dentro de la categoría de violencia, tal y como se recogía en la Macroencuesta de Violencia contra la Mujer 2019 del Ministerio de Igualdad, donde una de cada dos mujeres (57,3 %) señalaba haber sufrido violencia por el hecho de ser mujer.[41]

De otra parte, la mayor conciencia social de las agresiones —en la medida en que ya no hay tanta presión para quitarle importancia o callar— y la insistencia del feminismo institucional en la necesidad de recurrir a la vía penal ha incrementado el número de denuncias por agresiones sexuales. Tras la aprobación de la Ley del solo sí es sí, también ha crecido el número de delitos que quedan bajo ese tipo penal. La propaganda del Ministerio de Igualdad sobre la ley insistía en que tras la promulgación sería más fácil demostrar las agresiones sexuales o evitar la revictimización en las declaraciones, algo que su aplicación práctica parece desmentir. El sistema penal sigue imponiendo recorridos difíciles para las mujeres que deciden denunciar, a la vez que persisten las dificultades probatorias.[42]

---

nósticos y soluciones; se desarrollan formas de afrontar la situación o (más a menudo) se recurre a las ya existentes; la condición luego desaparece, se disuelve o se deteriora y se hace más visible». Stanley Cohen, *Folk Devils and Moral Panics: The Creation of the Mods and Rockers,* Londres, MacGibbon and Kee, 1972, p. 9.

[40] Ver este argumento desarrollado en Laura Macaya / Hamaca, *Conflicto no es lo mismo que abuso*, Barcelona, La Escocesa, 2023,

[41] El Ministerio de Igualdad, al definir la metodología de la Macroencuesta de Violencia contra la Mujer de 2019, incluye en la categoría de acoso sexual «una serie de comportamientos no deseados y con una connotación sexual», como miradas insistentes o lascivas; contacto físico no deseado; exhibicionismo; envío de imágenes o fotos sexualmente explícitas que hagan sentir a la mujer ofendida, humillada o intimidada; bromas sexuales o comentarios ofensivos sobre su cuerpo o vida privada; insinuaciones inapropiadas, humillantes o intimidatorias en redes sociales; o correos electrónicos, mensajes de WhatsApp o mensajes de texto con contenido sexual explícito e inapropiado, que generen el mismo efecto. Delegación del Gobierno contra la Violencia de Género, *Macroencuesta de Violencia contra la Mujer 2019: Principales resultados*, Madrid, Ministerio de Igualdad, 2020.

[42] El 80 % de la violaciones que se denuncian en España se archivan sin llegar a juicio

Cuando se reclama la necesidad de denunciar, se insiste públicamente en que los juicios pueden funcionar como espacios de reparación para las mujeres. Esta idea parte, sin embargo, de una confusión fundamental. El proceso penal no está diseñado para reparar, sino para castigar. Su lógica es punitiva y ejemplarizante: busca identificar a un culpable, imponerle una pena y enviar un mensaje disuasorio. La reparación, por el contrario, implica otras condiciones: escucha, reconocimiento del daño, restitución y cuidado, cosas que el sistema judicial rara vez garantiza. Presentar el juicio como una forma de reparación, aunque en algunos casos pueda funcionar con algunas mujeres, invisibiliza tanto las limitaciones estructurales del sistema como las múltiples violencias que este puede reproducir, especialmente para mujeres en situaciones de vulnerabilidad.

Así, por un lado, las cifras de denuncias no han parado de crecer —aunque esto no equivalga necesariamente a un aumento de las agresiones— mientras las condenas siguen siendo bastante escasas. Esta situación sirve, en cualquier caso, para construir un escenario de horror y peligro, lo que está siendo aprovechado por las derechas radicales para alimentar un sentimiento de inseguridad. «Suben las agresiones sexuales», afirman constantemente, reforzando su propio discurso y asociando esta subida con la llegada de inmigrantes, menores no acompañados o con la presencia de musulmanes. El debate público en torno a la aprobación de la Ley del solo sí es sí ha sido colonizado por la lógica de la alarma social. Vox aprovechó también las excarcelaciones o rebajas de penas de condenados por agresiones sexuales, que presuntamente promovía la ley, para exigir aún más penas, menos garantías procesales —en esto confluyó además con las demandas de una parte del feminismo—, así como expulsiones automáticas para agresores migrantes. En definitiva, el marco feminista punitivo ha sido utilizado para reforzar discursos racistas y autoritarios.

También en la campaña #MeToo, con el fin de lograr relevancia social, terminó adaptándose a este marco de pánico moral, que se refleja especialmente en el lenguaje utilizado: «Nos están matando y el Estado no hace nada», «Una mujer es violada cada dos horas», «El patriarcado mata», «No es violencia doméstica, es terrorismo machista», etc.[43] Los casos excepcionales se pueden utilizar también para expan-

---

y solo una acaba en condena, según el cruce de los datos policiales y el rastreo de casos de varias investigaciones académicas. Casos como el de el jugador de fútbol Dani Alves, primero inculpado y después absuelto en un tribunal superior, evidencian la misma dificultad de prueba en un delito que suele concurrir sin testigos y donde a veces no se encuentran elementos de prueba que corroboren los testimonios de las denunciantes. Braulio García Jaén, «El 80 % de las violaciones que se denuncian en España nunca llega a juicio», *El País*, 26 de enero de 2025.

[43] Laura Macaya / Hamaca, *Conflicto no es lo mismo que abuso...*, p. 10.

dir el marco de un horror cotidiano asaltado constantemente por lo extraordinario. Así, por ejemplo, el caso de la francesa Gisèle Pelicot, violada por decenas de hombres a instancias de su marido —una situación absolutamente extraordinaria, sin precedentes conocidos en toda Europa—, ha sido interpretado como prueba de la «normalidad» de la violencia sexual.

Elementos como las denuncias indiscriminadas y anónimas en redes, legitimadas en nombre de la dificultad de denunciar o de la «recogida de testimonios», también han alimentado una cierta pornografía de los abusos. Por medio de estas prácticas se buscaba, en principio, subrayar el carácter estructural de la violencia contra las mujeres, así como la idea de que el feminicidio y otras formas de violencia machista no son hechos aislados ni privados, sino expresiones de un régimen de poder que disciplina y controla a las mujeres mediante el miedo. Sin embargo, a través de estas retóricas del terror sexual, un tema político central se ha convertido en un espectáculo dramático que alimenta tanto a medios necesitados de clicks, como a unas redes sociales sostenidas por la economía de la indignación.[44] Los casos judiciales de violencia sexual —sobre todo cuando las víctimas son blancas y de clase media o cuando los acusados son famosos— se presentan como un espectáculo. Los supuestos agresores son considerados culpables *a priori*, a la vez que se comentan unas sentencias que siempre parecen poco.[45]

Además, las redes sociales funcionan hoy como potentes amplificadores de rumores que, en otros tiempos, requerían del boca a boca para circular y que a menudo estaban en el origen de los pánicos morales. Ahora, esa difusión es inmediata y masiva. De forma parecida, los periódicos y otros medios tienden a exagerar y simplificar los problemas, señalando a los chivos expiatorios.

Por supuesto, existe un feminismo que alimenta la economía de la indignación y la alarma social —porque ese tema ofrece rédito, visibilidad y posicionamiento en redes—; el capital simbólico digital puede transformarse, sin duda, en capital económico. Así en estos años nos hemos acostumbrado a la tendencia de una parte importante del feminismo *mainstream* a comentar sentencias judiciales. Esta dinámica se retroalimenta por las sucesivas polémicas que son amplificadas por miles de artículos y miles de horas de tertulias de televisión. Valga

---

[44] Son recurrentes alarmas sociales como la del «episodio de los pinchazos» de 2022. Supuestamente estos «pinchazos» se estaban usando de forma masiva para someter químicamente a jóvenes en espacios de fiesta. Después de un tratamiento que ocupó telediarios y múltiples declaraciones públicas de políticos, donde explicaban que se estaban tomando medidas contra esta supuesta epidemia, se demostró que estaba completamente infundada.

[45] Pablo Muñoz Rojo, «Feminismo y antirracismo en tiempos de cultura punitiva», *El Salto*, 29 de diciembre de 2019.

aquí el caso del beso de Rubiales, las agresiones de Errejón, etc. La violencia sexual o de género está presente de forma permanente en el espacio publico.

Paradójicamente, la consecuencia de estas narrativas asociadas al pánico moral no es que las mujeres se sientan más seguras, como que aumenta la sensación de vulnerabilidad. Más allá de la realidad de la amenaza, hacen que una se sienta más expuesta de lo que realmente está.[46] Acaban por reforzar así ese viejo marco de terror sexual que resulta funcional a la restricción de los movimientos de las mujeres y a la autocontención con el fin de no «asumir riesgos» en el espacio público o a la hora de afrontar la propia sexualidad.[47]

Muchas veces, la imagen mediática preferida es la del asaltante desconocido que abusa de mujeres en la calle, cuando sabemos que este no es el escenario más común de las agresiones sexuales. A partir de esta imagen, no obstante, el espacio público —el lugar del encuentro con el Otro— se configura como un territorio de peligro vinculado a la sexualidad. «Más allá de cualquier patrón de riesgo, estos sintagmas promueven identificaciones dentro de una narrativa de alarma social permanente, que convierte a todas las mujeres (heterosexuales) en potenciales víctimas. Esta narrativa no solo exhibe un problema, sino que interpela a los sujetos modelando la interpretación de sus experiencias pasadas, presentes y futuras. Cabría preguntarse si no estamos frente a un tipo de discurso que actúa al modo de una tecnología de género, que demanda una determinada actuación y destino para las partes del binario que define», señalan Trebisacce y Varela.[48]

La asociación entre violencia y pánico moral es el terreno idóneo para el desarrollo de lo que podríamos llamar feminismo de la dominación, un cierto feminismo «cultural»[49] para el que la violencia es casi inevitable en las relaciones, a la vez que proclama que

---

[46] Inés Hercovich, «Las mujeres también somos patriarcales», *El Viejo Topo*, 2025.

[47] Judith Walkowitz argumenta que los «pánicos morales» relacionados con la violencia sexual pueden ser utilizados para perpetuar estructuras de poder patriarcales, limitando la autonomía de las mujeres y reforzando normas de género tradicionales. El miedo y la sensación de inseguridad se convierten así en herramientas de control social y de género que acaban siendo funcionales a la restricción de la movilidad femenina. Judith R. Walkowitz, *La ciudad de las pasiones terribles: Narraciones sobre peligro sexual en el Londres victoriano*, Madrid, Ediciones Cátedra, 1995.

[48] Catalina Trebisacce y Cecilia Varela, «Los feminismos entre la política de cifras y la experticia en violencia de género», en Deborah Daich y Cecilia Varela (coords.), *Los feminismos en la encrucijada del punitivismo*, Buenos Aires, Editorial Biblos, 2020, p. 107.

[49] El feminismo de la dominación es una corriente que pone el foco en la sexualidad como eje central de la opresión de las mujeres, entendiendo las relaciones sexuales heterosexuales como estructuralmente desiguales. Suele interpretar la sexualidad masculina como inherentemente violenta y la femenina como pasiva o vulnerable, lo que lleva a promover marcos normativos y punitivos frente a la violencia sexual.

«cualquiera puede ser un violador». Se refuerza así el estigma del «depredador» como figura total: alguien sin redención posible. Los pánicos morales, tal como los describe Jeffrey Weeks, «cristalizan temores y ansiedades muy extendidos y, a menudo, se enfrenta a ellos, no buscando las causas reales de los problemas y las características que muestran, sino desplazándolos a los "tipos diabólicos" de algún grupo social concreto».[50] Es, de este modo, cómo estos discursos acaban siendo funcionales a la criminalización de ciertos grupos y a la construcción mediática de las crisis sociales. Es el mismo marco de oportunidad de las extremas derechas, basado en la representación esencialista del agresor y en su conversión en monstruo, que refuerza también la racialización de ciertos sujetos —migrantes, pobres, musulmanes, entre otros—. El objetivo es, sin duda, alimentar el miedo al Otro extranjero, especialmente al Otro racializado y musulmán, un temor ya arraigado en el inconsciente colectivo de las sociedades occidentales.

Del terror sexual a la producción penal

No hay una versión emancipadora de los pánicos morales. Siempre conllevan exigir al Estado mano dura, contribuyendo a legitimar marcos jurídicos de excepción. Parece así que sea imprescindible una reacción contundente por parte del Estado, que se ve empujado a promulgar nuevas leyes penales destinadas a evitar que los agresores «merodeen libremente por nuestras calles». Un ejemplo: la creación de un delito de acoso sexual callejero.[51] Otro ejemplo, que vamos a desarrollar con cierto detalle: tras las polémicas de la pasada legislatura por la rebaja de condenas o las excarcelaciones provocadas por la nueva ley, el Ministerio de Igualdad (encabezado por Podemos) insistió mucho en que la nueva ley no reducía las penas. La realidad sin embargo era más compleja ya que, al modificar profundamente los tipos penales y su funcionamiento, muchos delitos menos graves pasaron a recibir penas más duras y en algunos casos puntuales se produjeron reducciones.[52] Ciertamente, la nueva ley implicó un endurecimiento general del sistema penal ya que estableció un régimen más estricto de

---

[50] Jeffrey Weeks, *Sex, Politics and Society: The Regulation of Sexuality Since 1800*, Nueva York, Longman, 1981, pp. 19-20.
[51] El acoso ocasional —en la calle o en espacios o establecimientos privados— está tipificado en el artículo 173.4 del Código Penal. Se refiere a expresiones, comportamientos o proposiciones de carácter sexual o sexista que generen una situación hostil, humillante o intimidatoria. Se castiga con una pena leve y requiere denuncia previa para ser perseguido. Hasta la nueva Ley de libertad sexual, este tipo de conductas no se consideraban delito.
[52] Ignacio Escolar, «¿Quién se atreve a rebajar la pena a un violador?», *elDiario.es*, 2 de febrero de 2023.

cumplimiento.[53] El Ministerio de Igualdad apostó al marco de que la defensa de la seguridad de las mujeres estaba ligada al endurecimiento de las penas accesorias,[54] de las medidas cautelares y de mayores dificultades para el acceso al tercer grado —o régimen de semilibertad—.[55] En conjunto, esto implicaba la posibilidad de un alargamiento de las penas; asumiendo un marco que, según algunas juristas, equipara estas agresiones «a los delitos por terrorismo o trata de seres humanos»[56].

La expansión del cuestionamiento de las garantías a partir de discursos feministas se ha podido comprobar también en casos como el de Dani Alves, donde tras las sucesivas sentencias se criticó que no se hubiese decretado prisión preventiva o la aplicación de la atenuante por reparación económica.[57] La vicepresidenta del gobierno, María

---

[53] «Se ha incidido muy poco en que detrás de esas supuestas excarcelaciones hay una libertad vigilada, una inhabilitación profesional de hasta 20 años, una inhabilitación también para la patria potestad que protege a sus posibles descendientes y un tercer grado penitenciario que solo se puede alcanzar con una formación específica», dijo la delegada del Gobierno contra la Violencia de Género, Victoria Rosell. «Igualdad defiende que la Ley del sí es sí da "muchísima seguridad a las víctimas" con medidas cautelares más duras», *20 Minutos*, 25 de enero de 2023. Sin embargo, poco se apostó por defender la parte no punitiva de la ley. En estos casos, las reivindicaciones de medidas no retributivas —como dotar de más recursos a los equipos médicos, forenses o psicológicos especializados en violencia sexual— quedan opacadas por los términos del debate *mainstream,* centrado casi exclusivamente en el castigo y el endurecimiento penal.

[54] Penas accesorias como la inhabilitación para el desempeño de diversos cargos y la pérdida de la patria potestad.

[55] La ley de libertad sexual modificó el régimen de acceso al tercer grado penitenciario. Para poder acceder a este beneficio —y, por tanto, a la excarcelación— el agresor debe haber cumplido al menos la mitad de su condena y haber demostrado haber aprovechado un curso específico de formación para delincuentes sexuales. Como subrayó en rueda de prensa, esto «puede suponer el alargamiento de la pena», ya que «se dificulta la excarcelación». Elena Omedes, «Igualdad defiende que la Ley del sí es sí da "muchísima seguridad a las víctimas" con medidas cautelares más duras», *20 Minutos*, 25 de enero de 2023.

[56] Oriol Solé Altimira, «Àngels Vivas, magistrada: "Decir que con penas más altas se garantizará la libertad sexual de las mujeres es populismo"», *elDiario.es*, 8 de febrero de 2023.

[57] El caso Dani Alves hace referencia al proceso judicial contra el futbolista brasileño acusado de agresión sexual en España en 2023. La cobertura mediática y el desarrollo del juicio fueron ampliamente analizados por la prensa, así como por abogadas y periodistas feministas. Tras el primer juicio, la secretaria general de Podemos, Ione Belarra, publicó en redes: «Dani Alves pudo comprar una rebaja de pena en su juicio por violación, algo que es totalmente intolerable. Por eso hemos propuesto en el Congreso una reforma del Código Penal para que la reparación económica no signifique una rebaja de la pena en casos de violencias machistas». En este punto, conviene recordar que España es uno de los países de Europa con las penas más altas, y que las atenuantes, como la reparación económica, se aplican habitualmente para reducir condenas

Jesús Montero, llegó a decir que «es una vergüenza» que se diga que la presunción de inocencia está por delante del testimonio de las mujeres, algo por lo que después tuvo que pedir perdón.

La prisión provisional constituye un claro ejemplo de cómo el cuestionamiento de un derecho consolidado en nombre del feminismo se puede volver contra las personas más desprotegidas por el sistema —o contra las activistas sociales, incluidas las propias feministas—. Precisamente porque la justicia «no es ciega», el origen social y la nacionalidad importan. Ser pobre o migrante, o formar parte de movimientos sociales —calificados de «antisistema»— suelen ser elementos que están muy presentes en las decisiones judiciales. Por ejemplo, la causa de «riesgo de fuga» que puede justificar el encarcelamiento preventivo —recordemos una prisión que se sufre sin haber sido declarado culpable— castiga especialmente a las personas extranjeras y a las sin hogar «por falta de arraigo». No ser español aumenta así las posibilidades de terminar en prisión preventiva. Hoy, casi la mitad de estos presos son extranjeros (44 %), mientras que solo suponen el 20 % de los condenados.[58]

Por eso es tan importante defender los derechos procesales —también los de los presos—. El uso de la prisión provisional es abusivo y crece a medida que crece el populismo punitivo y los pánicos sociales. Pero además, las excepciones que se plantean en «nombre del feminismo» son derechos que podemos perder para todos y todas. Defender un sistema de garantías procesales y el menor peso del sistema penal y represivo es defender nuestro derecho a luchar en momentos donde la represión y el autoritarismo están al alza.

Se ha generado la falsa imagen de que las denuncias penales y los juicios pueden ser el principal horizonte de reparación para las mujeres, convertido incluso en un deber ciudadano, un deber feminista. La expresión «que se pudran en la cárcel» se puede volver un recurso ante los sentimientos de rabia e impotencia que despiertan las agresiones y su imagen mediática, y sobre todo, la sensación de vulnerabilidad que crean en muchas mujeres. Pero lo que estamos

---

en diversos tipos de delitos, no solo en los de violencia sexual. Aunque existe cierto margen de discrecionalidad judicial, eliminar esta posibilidad solo para determinados delitos plantea un serio problema. La excepción que propone Belarra —suprimir la atenuante de reparación económica en casos de violación— abre la puerta a que se cuestione esta medida también en otros casos. No hay que olvidar que hoy en día esta misma atenuante ha permitido evitar la entrada en prisión de activistas condenados a penas bajas. Ver Nuria Alabao, «Caso Alves: ¿cuestionar derechos en nombre del feminismo?», *CTXT*, 1 de abril de 2024.

[58] María Álvarez del Vayo, Miguel Ángel Gavilanes y Eva Belmonte, «Cuando ser extranjero te da más papeletas para acabar en prisión provisional», *Civio*, 11 de mayo de 2022.

presenciando realmente es cómo estas representaciones públicas de la violencia resultan fácilmente instrumentalizables por lógicas punitivas. «Pero ¿y si todos los castigos —la pena de muerte, los linchamientos, las condenas cada vez más largas, la reinserción imposible— no garantizaran la desaparición de las violencias contra las mujeres? Y si, momentáneamente limitadas, resurgieran después con renovada crueldad y fuerza, ¿qué medidas harían que el miedo cambiara de bando?», se pregunta la filósofa Françoise Vergès.[59]

La forma en que se están desarrollando estos debates públicos, dominados por un feminismo mediático, institucional y vinculado al poder, deja poco espacio a los movimientos de base antipunitivos. Desde estos espacios, hemos mostrado una capacidad limitada para desmarcarnos públicamente de las nuevas leyes penales y de las representaciones individualizadas y esencialistas de las violencias. Tampoco hemos logrado articular un polo de contestación fuerte que permita abrir paso a otras lógicas y marcos de intervención.

La construcción de la violencia en torno a los pánicos morales refuerza, en general, una narrativa que presenta la violencia sexual como un trauma individual, excepcional y de orden moral, más que como una estructura social y política entrelazada con otros sistemas de dominación, como el propio capitalismo. Aunque parte del objetivo legítimo de generar alarma social para movilizar recursos, esta estrategia acaba desembocando en un escenario que se aleja de las soluciones más emancipadoras frente a la violencia machista. Estas comprenden la violencia machista como un problema estructural y que requiere, por tanto, respuestas también estructurales, que permitan a las mujeres escapar, aunque sea parcialmente, de las relaciones de dominación. La violencia es un lenguaje, nos dice algo. Forma parte de una trama social, de una estructura de poder. Se trata de desindividualizarla, de visibilizar esa red que la sostiene y la reproduce.

Los abordajes más frecuentes en los medios tienden a desplazar el foco respecto a la violencia estructural que realmente pone en riesgo a las mujeres trabajadoras: la precariedad laboral, que obliga a muchas a aceptar empleos con altos niveles de explotación y peligro; la falta de acceso a una vivienda digna, que empuja a muchas a situaciones de vulnerabilidad; y la impunidad de la violencia sexual en el ámbito doméstico, que permanece fuera del foco mediático.[60]

---

[59] Françoise Vergès, *Una teoría feminista de la violencia: Por una política antirracista de la protección*, Madrid, Ediciones Akal, 2022, p. 83.
[60] Ver este argumento desarrollado en Laura Macaya / Hamaca, *Conflicto no es lo mismo que abuso...*, p. 11.

Hacia un feminismo que no castigue

Nos encontramos en un contexto de creciente securitización. Las contradicciones que genera el neoliberalismo se han agudizado, y en medio de estas múltiples crisis, hemos visto un creciente autoritarismo y nuevos intentos de control a través del miedo. La salida a estas contradicciones parece resolverse por la vía de la criminalización y del endurecimiento penal. Se acumulan aquí décadas de políticas económicas neoliberales, que han recortado las ayudas sociales y han ampliado la brecha entre ricos y pobres. Esta desigualdad en Europa se está, además, racializando.

El foco en las personas migrantes opera como una tecnología de gobierno en contextos de crisis: una manera de buscar la estabilización social mediante mecanismos de control. En el marco del capitalismo contemporáneo, enfrentado a sus propios límites estructurales, la gestión de la crisis ya no se articula mediante procesos de integración o redistribución, sino a través de la criminalización y la represión de los sectores más precarizados.[61] En este escenario, la amenaza de prisión se convierte en un instrumento disciplinario orientado a garantizar la subordinación de la fuerza de trabajo, especialmente aquella en situación irregular o migrante, bajo un régimen de empleo precario y despojada de derechos lo que hace cada vez más difícil tanto la vida, como la resistencia de esos sobrantes.

Para remodelar la sociedad sobre estas nuevas bases se construyen discursos que apuntan a reforzar la sensación de alerta social y amenaza generalizada: barrios sucios, inseguros o invivibles, viviendas amenazadas por «okupas», menores que merodean vinculados a bandas criminales, violencia sexual. Esas balizas del miedo se ven alimentadas inevitablemente por las incertidumbres sociales e inquietudes materiales. En una Europa cercada por sus fantasmas de decadencia económica, la sensación de inseguridad se amalgama con el invierno demográfico o la sustitución de poblaciones, la cultura en declive, la «importación de la violencia» o «islamización de Europa». Cuando los distintos pánicos morales desembocan en una sensación de crisis social y política, el racismo es invocado una vez más al rescate.

En la década de 1970, en lugares como Francia o Inglaterra, empezó a aparecer esta figura racializada de la inseguridad y la delincuencia: hombres jóvenes, pobres, extranjeros o descendientes de inmigrantes poscoloniales.[62] En España llegaría algo más tarde. Las primeras configuraciones de este estilo surgieron en los 2000,

---

[61] Nuria Alabao y Pablo Carmona, «No hay proyecto alternativo para la crisis europea», *CTXT*, 24 de julio de 2024.

[62] Françoise Vergès, *Una teoría feminista de la violencia: Por una política antirracista de la protección,* Madrid, Ediciones Akal, 2022, p. 92.

asociadas también a las algaradas racistas de El Ejido o contra los centros de menores migrantes. Esta narrativa se ha ido extendiendo, sobre todo a partir de la intervención de Vox, pero las imágenes eran previas. Gestadas años antes en los media, no se pueden atribuir solo a la emergencia de las extremas derechas.

Se ha tratado el cuerpo del migrante como síntoma de una crisis cultural: los bárbaros al asalto de la normalidad. Se trata de la normalidad imaginada de un cuerpo social que progresa bajo el estandarte de los derechos, de la afirmación de una superioridad moral enunciada en clave de progreso, de supuesto respeto a los derechos humanos —incluso cuando se trata de declarar guerras en su nombre—, siempre en contraposición a otros pueblos o religiones. Contra esa masculinidad extranjera se erige una imagen de Occidente que edifica su proyecto civilizatorio frente a otras naciones y sus poblaciones con marcos generados por el feminismo *mainstream*, y sobre todo, por su simplificación mediática. Las nuevas masculinidades imaginadas son siempre inevitablemente blancas.

Esos Otros en Europa son mujeres musulmanas con altas tasas de fertilidad que amenazan supuestos equilibrios raciales, oprimidas por costumbres religiosas ancestrales, o varones, sobre todo musulmanes, irredimibles, cuya religión les impide la «integración». Su masculinidad se representa como extática, irreformable, pero también siempre a punto de volcarse agresivamente sobre el cuerpo de las mujeres blancas. La animalidad asociada a una irrefrenabilidad sexual es funcional a la construcción de un Otro que merece estar en las posiciones más explotadas. La violencia sexual se convierte así en una cuestión racial, terreno discursivo que cultivan tenazmente las fuerzas de derecha radical, y que se alimenta de viejos tropos coloniales y civilizatorios. La sexualidad y la violencia sexual se transforman en lo que Ticktin denomina «lenguaje del control fronterizo»: la atención pública a la «supuesta» amenaza sexual que se atribuye a los hombres inmigrantes o pertenecientes a minorías racializadas sirve para definir los límites del Estado-nación, la pertenencia y la ciudadanía.[63]

Sin embargo, estas narrativas no tienen como objetivo defender los derechos de las mujeres ni combatir la violencia sexual de forma estructural, sino reconfigurarla como problema de seguridad nacional y civilizatoria. Tratan así de reforzar una frontera racializada del cuidado y de la ciudadanía —quién tiene derecho a «sentirse seguro»—; una frontera que separa a los cuerpos deben ser protegidos por la policía de los que no. La figura de la «víctima blanca» se convierte en excusa para criminalizar a grupos enteros y para reforzar un modelo

---

[63] M. Ticktin, «Sexual Violence as the Language of Border Control: Where French Feminist and Anti-immigrant Rhetoric Meet», *Signs: Journal of Women in Culture and Society*, núm. 33(4), 2018, pp. 863-889.

securitario de vida cotidiana y de la gestión de la población migrante. En lugar de una agenda feminista, se impone una agenda xenófoba de ley y orden, que instrumentaliza el cuerpo de las víctimas que son también aquí, símbolo de la frontera. Más allá, de este modo, de las intenciones del feminismo que han logrado tematizar la cuestión de la violencia en la discusión pública, la violencia sexual sirve hoy para justificar refuerzos punitivos, reforzar los mecanismos de exclusión que generan las leyes de extranjería y las políticas de deportación o segregación.

Estos marcos alimentados por las extremas derechas instrumentalizan, por un lado, preocupaciones feministas, pero también son utilizados para presentar a este movimiento social como un enemigo —asociado a una izquierda que se «niega a hablar de la nacionalidad de los agresores y delincuentes»—, que produce gobiernos débiles o incluso cómplices con «la invasión de extranjeros» a los que hay que derribar.[64] Sirven pues, para presentar a estas derechas radicales como la alternativa antisistema —los únicos que se atreven a hablar abiertamente de estos temas— con el fin de liberar a la sociedad de todo mal con el cierre de fronteras.

Consecuencias del punitivismo racializado

Construida cada vez más según los contornos de los pánicos morales, la cuestión de la violencia alimenta sin duda la sensación de inseguridad. El sensacionalismo mediático, que transforma la violencia sobre las mujeres en espectáculo, un cierto feminismo punitivo *mainstream* y la agenda reaccionaria de Vox —pero también de otros partidos— confluyen en esta respuesta securitaria y en la propuesta del sistema penal y de la policía como solución para cualquier problema. «¿Qué nos garantiza que la protección de las mujeres y de su libertad de circulación no vayan a basarse en esta militarización del espacio público o incluso del privado?» se pregunta Vergès.[65]

El marco punitivo se utiliza tanto para justificar el cierre de fronteras como para reforzar las medidas represivas del espacio público

---

[64] El presidente de Vox en sus discurso en el Congreso de 2021 señaló a las personas migrantes como los «enemigos de España» y «la estrecha relación que hay entre la seguridad de los españoles y el efecto llamada y la políticas de puertas abiertas de la que son responsables» [el gobierno]. En este discurso citó una retahíla de supuestos sucesos de los que no se ha «oído ni una palabra»: como «la manada magrebí que violó a una niña en Formentera, la chica que se quedó sin dientes atacada por unos menas, el hombre de Palencia agredido por un magrebí porque estaba comiendo un bocadillo de jamón o del joven de Melilla musulmán atacado por ser gay». Aitor Riveiro e Irene Castro, «Abascal eleva su discurso xenófobo y señala a las personas migrantes como los "enemigos de España"», *elDiario.es*, 15 de septiembre de 2021.
[65] Françoise Vergés, *Una teoría feminista...*, p. 129.

en un momento en el que los estratos más explotados de clase están fuertemente racializados. La sensación de peligro inminente y ubicuo sobre los cuerpos feminizados se utiliza para justificar el aumento de la presencia policial en los barrios, así como una vigilancia y represión cada vez más intensa sobre estos sectores, dirigida a implementar políticas autoritarias, criminalizar a determinados grupos y disciplinar a la clase trabajadora. La alarma social generada puede servir igualmente como coartada para reforzar el racismo institucional y el control sobre los espacios urbanos: el acoso policial, las redadas basadas en perfil racial —particularmente dirigidas a varones subsaharianos y magrebíes— o las pruebas de edad arbitrarias a menores migrantes. Los pánicos sexuales acaban legitimando el acoso policial bajo la excusa de combatir el acoso sexual.

Aquí surge una verdad incómoda para los feminismos: cuando se militariza el espacio público, la violencia policial se aplica en mayor medida sobre los varones, sobre todo los jóvenes racializados —y también sobre las trabajadoras sexuales, las trans, los y las personas pobres que a menudo están muy lejos de las preocupaciones del feminismo *mainstream* o de gobierno—. «Las amenazas y acusaciones de violencia sexual son herramientas de opresión. La violencia sexual es terror; también lo es la forma en que se aborda y se vigila. Y la "seguridad de las mujeres (blancas)" se utiliza para justificar la violencia contra las comunidades marginadas», dice Allison Phipps.[66]

Como hemos visto, estos pánicos pueden alimentar agresiones racistas por parte del vigilantismo ciudadano. En algunos lugares de Europa, asociadas en bastantes ocasiones a zonas empobrecidas, se incrementan los ataques a centros de acogida de menores, migrantes y refugiados. Así sucede en Inglaterra o Alemania, pero también en España. En todo el país se asocia a los menores migrantes con la delincuencia y la inseguridad, y eso desemboca en cierres de centros de acogida, muchas veces bajo el amparo del miedo a las agresiones sexuales.

La «solución policial» y el punitivismo son herramientas de la guerra cultural reaccionaria que produce agitación social, al tiempo que se muestra funcional al refuerzo de este orden excluyente. La excusa de la seguridad de las mujeres blancas se lanza contra los grupos marginados e hiperexplotados y sirve para pedir aumentos de penas como falsa solución para la violencia machista o la violencia contra las disidencias sexuales. Las derechas radicales se aúpan sobre los discursos de protección de las mujeres para pedir más penas y más soluciones policiales. Reclaman castigos ejemplares, pero solo para ciertos

---

[66] Alison Phipps, *Me, Not You: The Trouble with Mainstream Feminism*, Manchester University Press, 2020.

cuerpos: los racializados, los extranjeros, los pobres. Y por desgracia, en esta cuestión, confluyen con un sector del feminismo.

Con el fin de allanar el camino al castigo se construye al Otro como un «monstruo» (el violador), que en los relatos mediáticos sobre la violencia alimenta la sed de venganza y la idea de que es aceptable encerrar a gente de por vida. Vox pide cadena perpetua, «prisión permanente revisable» para los condenados por violación, la «expulsión inmediata de los agresores sexuales extranjeros» y la eliminación de beneficios penitenciarios para condenados por agresión sexual, algo que, como hemos visto, ha sido una línea del último Ministerio de Igualdad y de la Ley del solo sí es sí, aprobada en nombre de las recientes movilizaciones feministas. Por su parte, el partido ultra portugués, Chega, apoya la castración química de los agresores y, en Italia, el consejo de ministros de Giorgia Meloni acaba de aprobar un proyecto de ley que pretende crear un nuevo tipo penal: «feminicidio»[67] — una demanda clásica del feminismo *mainstream*—, mientras aumenta penas para otros delitos relacionados con la violencia de género. Por supuesto, todas estas nuevas leyes y la alarma social construida impulsan el aumento del gasto público en las partidas de seguridad, así como otras prerrogativas para los cuerpos policiales, una de las principales propuestas de las derechas radicales y expresión más evidente de su apuesta autoritaria.

En cualquier caso, las políticas penales intensificadas no afectan a todos por igual. En el sistema penitenciario, los cuerpos que son castigados con mayor frecuencia son precisamente aquellos ya atravesados por el racismo estructural. Los varones racializados y los migrantes —y los y las pobres en general— tienen una probabilidad significativamente mayor de ser detenidos, juzgados con mayor severidad y encarcelados de forma desproporcionada. Por eso, sufren más la prisión preventiva, al tiempo que tienen menos posibilidades de acceder a determinados beneficios penitenciarios. Además, viven bajo la amenaza constante de la expulsión. El dato que enarbola la extrema derecha acerca de la sobrerrepresentación de «personas de origen extranjero en las prisiones» solo refleja la línea de la exclusión y de la pobreza, y esa línea es la línea de «color».

Desde hace algunos años esta línea se traza también para contener el peligro musulmán o islamista: terrorismo machista y terrorismo islámico parecen complementarse, formando un todo en

---

[67] Esta nueva tipificación penal establece la pena de cadena perpetua [*ergastolo*] para quienes causen la muerte de una mujer cuando el acto se cometa como expresión de discriminación u odio hacia la víctima por su condición de mujer, o para reprimir el ejercicio de sus derechos, libertades o la expresión de su personalidad. La reforma penal se encuentra a la espera de ser ratificada en el parlamento.

el imaginario colectivo.[68] Hoy las mezquitas son objeto de control policial, al tiempo que se expulsa a los imanes, que supuestamente vulneran derechos fundamentales, muchas veces con respaldo de discursos femonacionalistas. [69]

En paralelo, mujeres trans, trabajadoras sexuales y migrantes en situación irregular suelen quedar excluidas de los mecanismos de protección contemplados para las víctimas en las leyes penales y con frecuencia son directamente perseguidas por ese mismo sistema que se presenta como garante de su seguridad.

En este contexto de instrumentalización de las preocupaciones feministas como mecanismo de disciplinamiento, los desafíos para el feminismo son enormes. Un feminismo de base antirracista ha de ser capaz de resistir los dispositivos de control que reproducen las desigualdades estructurales. El propio marco de victimización —que separa entre cuerpos merecedores de protección y otros desechables— no contribuye a la liberación de las mujeres, sino que consolida jerarquías de poder que atraviesan de parte a parte a la sociedad. La violencia que sujeta a estos jóvenes racializados es una violencia que contamina al cuerpo social y que se vuelve contra las mujeres más oprimidas. A la postre sirve para impedir alianzas entre distintos sectores sociales que podrían unirse para derribar este orden de explotación.

Es tiempo de desertar de un feminismo que hace espectáculo de la violencia, que individualiza sus causas y la convierte en culpa de hombres malos —en este caso, racializados— a los que hay que

---

[68] El número de personas detenidas en España por implicación en actividades yihadistas ha ido en aumento. En 2024, fueron detenidas un total de 81 personas, la cifra más alta desde 2004. La mayoría de los delitos imputados son de carácter «ideológico» —como adoctrinamiento, enaltecimiento, difusión de propaganda o autoadoctrinamiento—, lo que en algunos casos puede implicar simplemente compartir contenidos en redes sociales. Once de los detenidos eran jóvenes. Carlos Igualada, «La lucha contra el yihadismo en España: operaciones contraterroristas y análisis de perfilación de los detenidos en 2024», en *Anuario del terrorismo yihadista 2024, Observatorio Internacional de Estudios sobre Terrorismo*, 2025, pp. 1-30.

[69] En 2022, fue arrestado y acusado de «radicalización» Mohamed Said Badaoui, un líder musulmán de Reus, activista por los derechos de los musulmanes, que pasó un mes aislado en un CIE. Said Badaoui llevaba viviendo diez años en España, pero tras denegarle la nacionalidad fue expulsado, pese a las 1.200 firmas que respaldaron la petición al Ministerio de Interior de detener su orden de expulsión. Cuando se hizo pública la expulsión se lanzó una campaña en redes sociales contra quien le acusaba de decir cosas como «todas las mujeres occidentales tarde o temprano tendrán que llevar velo islámico», lo cual se demostró además falso. Berta N. Camprubí, «A un año de la deportación de Mohamed Said Badaoui», *El Salto Diario*, 19 de noviembre de 2023. Newtral y Verificat, «No hay pruebas de que el presidente de una asociación musulmana de Reus haya dicho que "todas las mujeres occidentales" acabarán llevando velo», *Newtral*, 12 de agosto de 2022.

castigar. Hay que dejar de alimentar los pánicos morales que son funcionales a nuestra propia dominación. No podemos permitir que el feminismo se convierta en una herramienta de control o de dominación. En nuestra mano está usar la legitimidad conseguida para decir: no en nuestro nombre. Tenemos que encontrar mecanismos para alertar de la gravedad de las violencias sin hacer crecer la sensación de excepcionalidad. En una Europa que reafirma su superioridad respecto de otras culturas y que construye su identidad por oposición a los extranjeros o musulmanes, el feminismo como proyecto político implica un posicionamiento crítico frente a las lógicas de frontera, de la racialización y la explotación de clase. No podemos desentendernos de la manera en la que la extrema derecha o los marcos securitarios están instrumentalizando la violencia con el fin de atacar a los más débiles —como los menores no acompañados—, reforzar la estratificación social y la desigualdad y el control del espacio público o perseguir la protesta social —que también afecta a las luchas feministas—.[70]

En muchos espacios del feminismo de base está creciendo la importancia del enfoque antirracista, pero no será suficiente arrojar luz sobre cómo las fronteras y la racialización se cruzan con el género para reforzar la dominación y la explotación de las mujeres. Tenemos que pensar formas de enfrentarnos a los marcos femonacionalistas y a la racialización de la violencia sexual, así como a la instrumentalización de la violencia y las políticas penales que se hacen en nombre no solo de la protección de las mujeres, sino del propio movimiento feminista. En este sentido, tendremos que renunciar a alimentar el marco penal y de protección policial mediante el que las mujeres de clase media intercambian libertad por un falso sentimiento de seguridad, sostenido por la promesa de protección estatal.[71] Es necesario seguir explorando formas efectivas de resistencia feminista que no solo denuncien la opresión, sino que articulen un horizonte de transformación estructural, centrado en la justicia social y en la socialización de recursos y medios de vida como pilares de una verdadera emancipación para todos y todas.

---

[70] Recordemos a las feministas encausadas por su activismo, como las condenadas a prisión por una acción durante la huelga feminista del 8M de 2019 en Manresa, las juzgadas en Sevilla por una *performance* en defensa del aborto o los ya numerosos casos de las que han sido enjuiciadas por fundamentalistas con acusaciones de delito de odio o de ofensa a los sentimientos religiosos.

[71] Susan Griffin acuñó el concepto «*patriarchal protection racket*», un contrato heteronormativo en el que las mujeres intercambian sumisión por seguridad, y un marco en el que se legitima la violación dentro del matrimonio mientras se anima a las mujeres a temer al violador extraño en las calles. Susan Griffin, «Rape: The All-American Crime», en Anne Koedt, Ellen Levine y Anita Rapone (eds.), *Radical Feminism*, Nueva York, Quadrangle Books, 1973, pp. 322-337.

¿A quién culpar?
El populismo punitivo y el «problema de la inmigración»

Albert Sales Campos

Exigir penas más duras y un mayor control policial mientras se culpa a la población migrante de un aumento sin precedentes de la criminalidad se ha convertido en uno de los principales recursos electorales de la extrema derecha, al tiempo que está marcando el ritmo de la agenda política de los países occidentales.

En julio de 2024, Alberto Núñez Feijóo relacionaba explícitamente migraciones con delincuencia: «Solidaridad sí, pero seguridad también». Ante la posibilidad de que el ejecutivo español obligase a las comunidades autónomas a acoger a menores de edad en situación de desamparo, llegados a las costas canarias en cayuco, el líder del Partido Popular afirmaba que hay que ser solidarios con quien llega «porque se ha jugado la vida», pero también hay que pensar que «los españoles tienen derecho a salir a la calle con seguridad». Frente al drama de miles de personas que mueren en las aguas del Atlántico y del Mediterráneo, el líder del principal partido de la oposición vinculaba migraciones con delincuencia, normalizando nuevamente discursos que hasta hace poco solamente expresaban de forma explícita los grupos de ultraderecha.

El éxito de esta combinación entre populismo punitivo y la radicalización xenófoba no tiene relación alguna con la evolución de la criminalidad. Los argumentos son los mismos en países que han visto aumentar sensiblemente los hechos delictivos y en otros, como el Estado español, que han gozado de cierta estabilidad y de tasas de criminalidad relativamente bajas durante la última década. La preocupación por el delito y la inseguridad ha colonizado las agendas políticas y mediáticas de los países europeos, a la vez que las propuestas para defender a los votantes del crimen se han convertido en una pieza fundamental de las campañas electorales. La centralidad de la política criminal no es nueva ni atribuible al auge de la extrema derecha; tiene su origen en el giro punitivista que arranca en los años ochenta en el Reino Unido y en los Estados Unidos.

En España, el populismo punitivo se agita desde la década de 1990 pero, a diferencia de lo sucedido en otros países europeos como Francia, no se vinculaba hasta hace pocos años con el miedo y el rechazo a la población inmigrante. Inspirada, sin embargo, en la estrategia exitosa de grupos ultra de otros países, la extrema derecha española ha incorporado la identificación entre delincuencia y migraciones a su discurso, así como al debate político y mediático. A continuación se presenta una breve genealogía del populismo punitivo y sus ejes discursivos en este país, se analiza la introducción de la agenda punitivista en España, al igual que la rápida y reciente construcción del vínculo entre punitivismo y radicalización xenófoba. Seguidamente se contraponen los discursos del alarmismo securitario y de la culpabilización de las personas migrantes con los datos recientes. Y, por último, se plantean algunas reflexiones y propuestas a modo de conclusión.

El populismo punitivo: miedo y control

A finales de la década de 1990, Bottoms[1] advertía del giro punitivo de los discursos políticos sobre seguridad y penalidad. Utilizaba el término populismo punitivo para nombrar el fenómeno según el cual las políticas penales se orientan al endurecimiento de las penas para responder a presiones políticas ignorando la evidencia empírica.[2] A principios de los años dos mil autores como David Garland[3] o Loïc Wacquant[4] describían el cambio de enfoque de las denominadas sociedades occidentales con relación al control del crimen y a la justicia penal iniciado en los años setenta. Estas transformaciones, analizadas con detalle en Estados Unidos y en Reino Unido, han tenido un impacto global, marcando la agenda de la política partidista y de las políticas públicas en contextos muy distintos.

---

[1] A. Bottoms, «The Philosophy and Politics of Punishment and Sentencing», en C. Clarkson y R. Morgan (eds.), *The Politics of Sentencing Reform*, Oxford, Clarendon Press, 1995, pp. 17-49.

[2] Tomislav Kovandzic, John J. Sloan III y Lynne M. Vieraitis, «"Striking out" as crime reduction policy: the impact of "three strikes laws" on crime rates in US cities», *Justice Quarterly*, núm. 21(2), 2004, pp. 207-239.

[3] David Garland, *The Culture of Control*, Oxford, Oxford University Press, 2001.

[4] Loïc Wacquant, *Castigar a los pobres. El gobierno neoliberal de la inseguridad social*, Barcelona, Gedisa, 2010.

Las causas de este giro son múltiples pero están todas íntimamente relacionadas. Por un lado, las transformaciones en la estratificación social asociadas a la globalización han supuesto un aumento de las desigualdades, la pobreza y el desempleo. Por otro, a partir de los años cincuenta se registra un cierto crecimiento de las actividades delictivas en las ciudades, lo que alimenta las críticas a las políticas penales de inspiración rehabilitadora. En el plano cultural, las reacciones conservadoras a las revoluciones de finales de los años sesenta cambiaron la percepción social del delito: se descalificaron las explicaciones estructurales y complejas de la criminalidad tachándolas de «justificaciones sociales del crimen», al tiempo que se articuló un discurso individualista, según el cual los delincuentes son seres egoístas e inmorales que actúan contra los intereses legítimos del resto de la sociedad. Los hurtos, los atracos o el tráfico de drogas ya no se consideraban así resultado de la marginación y la pobreza, sino de un comportamiento racional antisocial.[5]

En este marco, el populismo punitivo surge como una estrategia política consistente en utilizar el derecho penal para obtener réditos electorales, asumiendo la premisa de que el aumento de la severidad de los castigos implica la reducción de los delitos.[6] En la estela de esta estrategia, los decisores políticos lanzan y aprueban propuestas de endurecimiento de las condenas para dar una respuesta inmediata y aparentemente sencilla a preocupaciones sociales como crímenes de gran repercusión mediática o el miedo por el incremento de actividades delictivas protagonizadas por multirreincidentes. La renovada fe en el sistema penal como herramienta de control social y de solución a problemas de interés público está íntimamente ligada a las transformaciones socioeconómicas del último tercio del siglo XX y se concreta en tres aspectos clave: la transformación del papel asignado socialmente a la cárcel, la magnificación de la importancia de la opinión de las víctimas y el uso electoralista del miedo y de la percepción de inseguridad.

El uso electoral del miedo y de la percepción de inseguridad

Ante el desprestigio de la política (y de los políticos), ofrecer respuestas concretas a hechos impactantes se ha convertido en una herramienta dirigida a seducir al electorado. Las respuestas a las inseguridades provocadas por el aumento de la pobreza y la precariedad son percibidas como insuficientes y la mayoría de los partidos políticos se concentran en miedos para los que ofrece una receta sencilla y fácilmente

---

[5] Elena Larrauri, «Populismo punitivo... y cómo resistirlo», *Revista Jueces para la democracia*, núm. 55, 2006, pp. 15-22.

[6] Juan Antón-Mellón, Gemma Álvarez y Pedro Rothstein, «Populismo punitivo en España (1995-2015): presión mediática y reformas legislativas», *Revista Española de Ciencia Política,* núm. 43, 2017, pp. 13-36.

comunicable. Aparentemente, es más fácil proponer incrementos de efectivos en los cuerpos de seguridad o modificaciones normativas calificadas según la idea de la mano dura ante el delito y el incivismo, que debatir acerca de políticas sociales, laborales o de vivienda.

El discurso del populismo punitivo mezcla asesinatos, violencia sexual o terrorismo con la delincuencia del día a día y la percepción de inseguridad. La preocupación por la llamada delincuencia común no solamente se expresa en las reformas legislativas, sino que también ha comportado la adopción y la normalización de las llamadas políticas de «tolerancia cero». Este término se popularizó a partir de la publicidad internacional de la estrategia del alcalde de Nueva York, Rudolph Giuliani, entre 1995 y 2000. El foco de la política «anticriminal» de Giuliani consistía en el acoso permanente a las personas más empobrecidas visibles en los espacios públicos. Mediante la intensificación de la presencia de policía uniformada, William Bratton, el jefe del Departamento de Policía de Nueva York (NYPD), se propuso luchar contra realidades tan diversas como la compra y la venta de drogas a pequeña escala, la prostitución, el sinhogarismo, los grafitis, etc., a la vez que se refería a las personas involucradas como «parásitos» sociales (*squeegee pest*).

En cinco años, el número de efectivos del NYPD aumentó en 12.000 agentes (un 26 % del total), mientras que disminuía en 8.000 el número de trabajadores y trabajadoras de los servicios sociales. El descenso de la criminalidad en la ciudad se atribuyó a la agresiva política de persecución, a la vez que *think tanks,* como la Heritage Foundation o el Manhattan Institute, convertían a William Bratton en una celebridad de la criminología conservadora a escala internacional. En su ofensiva publicitaria olvidaron intencionadamente que otras ciudades como Boston o San Diego experimentaron una reducción de la criminalidad similar a la de Nueva York, si bien con estrategias basadas en la mediación y sin incrementar el número de agentes uniformados que patrullaban las calles. También obviaron que el descenso de la criminalidad se inició tres años antes del nombramiento de Giuliani y del inicio de sus políticas.[7]

La expansión (y el éxito) de los discursos políticos y mediáticos de tolerancia cero ha tenido importantes consecuencias sobre la percepción social de los mecanismos de control y castigo del delito. Estos discursos parecen dar a entender que se puede combatir y reducir la delincuencia sin considerar sus causas; vinculan problemas como la suciedad, el ruido o la visibilidad de la pobreza en la calle con la delincuencia; y convierten a los cuerpos policiales en los encargados de solucionar un interminable abanico de problemas enmarcados en el difuso ámbito de la convivencia.[8]

---

[7] Loïc Wacquant, *op. cit.*

[8] Pedro Oliver *et al.*, «Ciudades de excepción. Burorrepresión e infrapenalidad en el estado de seguridad», en Sergio García y Débora Ávila (coords.), *Enclaves de riesgo.*

Al vehicular las reacciones a las inseguridades y las molestias percibidas por los vecindarios a través de los cuerpos policiales, se desplaza la responsabilidad del cuidado de las relaciones sociales y comunitarias hacia una autoridad externa especializada en el control. Se establece así una lógica de queja-respuesta, a la que se piden soluciones inmediatas sin necesidad de interacción entre las partes en conflicto. Las quejas que movilizan los recursos policiales suelen focalizarse sobre los individuos que generan incomodidad y que son más visibles y están más presentes en las calles. Controlar la actividad de jóvenes, personas sin techo o grupos de personas que se reúnen en el espacio público debido a la precariedad de sus viviendas, acaba convirtiéndose en una exigencia por parte de los vecinos y vecinas hacia las administraciones públicas, personificadas en los agentes de policía.

La cárcel: eje central del punitivismo

Si en algún momento del siglo pasado había quien defendía que las sociedades humanas acabarían superando el uso de la reclusión como respuesta a la transgresión de las normas, hoy en todo el mundo vemos a la cárcel convertida en el eje de los mecanismos de control penal.[9] La mayoría de las voces expertas atribuyen el crecimiento del número de internos penitenciarios en mayor medida a transformaciones en las políticas penales que a un aumento de la delincuencia.[10] El incremento más espectacular de población reclusa se ha producido en Estados Unidos, donde esta pasó del medio millón de personas a más de dos millones entre 1980 y 2008. La inmensa actividad del sistema penitenciario norteamericano ha dado lugar a lo que la profesora Angela Davis denomina el «complejo industrial carcelario»: un entramado de intereses económicos y corporativos que se alimenta del hecho de que las cárceles se hayan convertido en una pieza fundamental de la gobernabilidad de los malestares de las sociedades posindustriales.[11]

Pero Estados Unidos solo ilustra una tendencia común en las llamadas sociedades occidentales. La pérdida de confianza en la función rehabilitadora de las cárceles no ha llevado a cuestionar la utilidad de la reclusión; en lugar de preguntarnos si encerrar durante largos periodos de tiempo a quienes cometen delitos en enormes instalaciones en las afueras de las ciudades tiene algún efecto reeducativo, hemos

---

Gobierno neoliberal, desigualdad y control social, Madrid, Traficantes de Sueños, 2015, pp. 229-251.

[9] Ben Crewe, *The prisoner society. Power, adaptation and social life in an english prison*, Oxford, Oxford University Press, 2012.

[10] Loïc Wacquant, *op. cit.*

[11] Angela Davis y David Barsamian, *The Prison Industrial Complex*, Oakland, AK Press, 1999.

asumido acríticamente que encarcelando a más gente viviremos más tranquilos. Se espera que las instituciones penitenciarias trasladen al delincuente el rechazo y el deseo de venganza de la sociedad y que mantengan controlados a los individuos peligrosos con el fin de preservar la seguridad del resto de la ciudadanía.[12]

La evidencia empírica muestra, sin embargo, que la intensidad o duración de las penas no tienen un impacto disuasorio sobre la comisión de delitos. Por lo general, el delincuente potencial no considera en el cálculo de costes y beneficios la dureza del posible castigo.[13] De hecho, en la mayoría de las ocasiones desconoce el marco legislativo y los posibles cambios que se han ido introduciendo. Lo que sí considera son las oportunidades de violar las normas sin ser detenido y procesado; por eso la vigilancia o las políticas preventivas resultan más eficaces que las medidas punitivas.[14]

Para justificar la preponderancia de la función retributiva del sistema penal, los discursos del populismo punitivo convierten la relación entre las víctimas y los delincuentes en un juego de suma cero. Cualquier cuestionamiento de la utilidad de mantener en la cárcel a los causantes del dolor ajeno se considera un insulto hacia sus víctimas.[15]

El supuesto interés de las víctimas pasa así por encima del interés común. Se asume que todas ellas comparten un mismo deseo de venganza; la severidad del castigo se presenta como parte de su compensación y los posibles beneficios penitenciarios para los penados parecen un agravio para el conjunto de la sociedad. Se exige así más prisión y durante más tiempo, con independencia de la evidencia empírica que pone en cuestión que la duración de las condenas tenga relación alguna con las probabilidades de reincidencia. Como señala David Garland, antes de los años ochenta era impensable que personas con responsabilidades políticas en las democracias occidentales manifestaran públicamente su apoyo a la venganza institucional o al castigo expresivo del delito por parte del Estado, pero la instrumentalización del sufrimiento ha permitido normalizar la visceralidad en los debates públicos sobre crímenes y penas.[16]

---

[12] Tapio Lappi-Seppälä, «Explaining Imprisonment in Europe», *European Journal of Criminology*, vol. 8(4), 2011, pp. 303-328.

[13] Marta Nelson, Samuel Feineh y Maris Mapolski, *A New Paradigm for Sentencing in the United States*, Nueva York, Vera Institute of Justice, 2023.

[14] Elena Larrauri, *op. cit.*

[15] Jose Luís Díez-Ripollés, «El Nuevo Modelo de Seguridad Ciudadana», *Revista Jueces para la Democracia*, núm. 49, 2004, pp. 25-42.

[16] David Garland, *The Culture of Control*, Oxford, Oxford University Press, 2001.

La agenda punitivista en España

Como se ha explicado, en la carrera electoral, líderes políticos y partidos aluden a la presión de la opinión pública para justificar propuestas consistentes en endurecer la penalidad en múltiples aspectos de la vida social. Supuestamente, la ciudadanía clama por más severidad para garantizar la seguridad vial, para combatir la corrupción, para luchar contra la violencia machista y, por supuesto, para reducir hurtos, robos y agresiones. Pero no es la opinión pública lo que marca la dirección de las preocupaciones ciudadanas en materia de criminalidad; antes bien, son los intereses electorales los que focalizan la agenda política en este tema, empujando el alarmismo social.[17]

Esto explica que los discursos punitivistas se hayan extendido a países que presentan situaciones tremendamente dispares en relación con la criminalidad. Si bien resulta fácil asumir que la opinión pública demande más «mano dura» donde las estadísticas de criminalidad presentan una clara tendencia ascendente, es más complicado defender esta línea argumental para aquellos países en los que es estable o tiende a descender. El divorcio entre el auge de los discursos punitivos y la aproximación empírica a la criminalidad sugiere que en no pocos casos son las élites políticas las que focalizan la agenda, a la que sigue luego la preocupación de la ciudadanía.[18]

Los determinantes de las políticas penales son múltiples y las investigaciones sugieren que existe una correlación entre la «angustia social» y las actitudes punitivas.[19] La lógica moral de universalización de la seguridad social puede contribuir a unos estados más sociales y menos punitivos. En paralelo, las personas pueden permitirse ser más tolerantes e inclusivas si no sienten miedo a la escasez y a la ansiedad frente a problemas económicos, sociales y familiares.[20]

La evolución de la política criminal en España ilustra este divorcio. La aprobación del denominado Código Penal de la Democracia, que en el año 1995 sustituyó a la legislación penal franquista, introdujo penas sustitutivas al internamiento penitenciario, pero también más severidad y un alargamiento efectivo de la duración de las penas por la supresión de la posibilidad de reducción por trabajo. Los efectos

---

[17] Elena Larrauri y Daniel Varona, «Democracy at work. Public opinion and penal reforms in Spain», en H. Kury & E. Shea (eds.), *Punitiveness international developments*, 2011, pp. 31-52.

[18] Elena Larrauri, «Populismo punitivo...», *op. cit.*

[19] Michael Tonry, «Determinants of penal policies», *Crime and Justice*, núm. 36 (1), 2007, pp. 1-48.

[20] Tapio Lappi-Seppälä, «Explaining Imprisonment in Europe», *op. cit.*

de estos cambios se hicieron notar progresivamente. Si en el año 2000 la duración media de las penas de privación de libertad era de 13,1 meses, en 2010 se situaba en los 19,3 meses.[21]

La mayoría absoluta del Partido Popular (PP) entre 2000 y 2004 facilitó el despliegue de una política criminal marcada por la lucha contra el terrorismo y la pequeña delincuencia a través del endurecimiento de penas. La Ley Orgánica 7/2003 incrementó de nuevo la duración de las condenas y la Ley Orgánica 15/2003 amplió el número de actividades penadas con privación de libertad. Pero lo más significativo de este periodo fueron los debates de los dos principales partidos políticos españoles acerca de dicha política criminal a lo largo de la legislatura. Lejos de articular una crítica contra las posibles consecuencias de las reformas penales del gobierno, el Partido Socialista Obrero Español (PSOE) aprovechó el aumento de la tasa de criminalidad para en 2003 atacar al ejecutivo, convertido en responsable de la expansión de la delincuencia.

El siguiente hito punitivista en la historia reciente de la política española fue la introducción de la «prisión permanente revisable», aprobada en el año 2015 por el Congreso de los Diputados como parte de la Ley de Seguridad Ciudadana. Esta postula el internamiento penitenciario de temporalidad indefinida. Y a pesar de que la privación de libertad es revisable, la intención de incorporar dicha pena al ordenamiento jurídico responde a la voluntad de disponer de un castigo equiparable a la cadena perpetua. Tal y como se expresa en la «Exposición de motivos», la prisión permanente revisable está pensada para «delitos de extrema gravedad en los que los ciudadanos demandaban una pena proporcional al hecho cometido».

Esta novedad se gestó durante la legislatura iniciada en diciembre de 2011, cuando el entonces ministro de Justicia de España, Alberto Ruiz-Gallardón, anunció cambios en el sistema penal que tendrían como objetivo proporcionar una respuesta penal más adecuada a ciertos crímenes que causan una especial repulsa social. Desde los primeros debates, la defensa de la privación de libertad indefinida se basó, en efecto, en el rechazo social y en la alta peligrosidad de algunos tipos de delincuentes. Se intentaba así justificar la cadena perpetua, por más revisable que fuera, por la necesidad de castigar el crimen y salvaguardar la seguridad, bajo la consideración de que, para algunos delitos, la función rehabilitadora no tenía ningún sentido.

---

[21] José Ángel Brandariz, «La expansión del poder punitivo en España (1995-2010). Criminología y política criminal del giro punitivo», en Iñaki Rivera Beiras (ed.), *Control penal y neoliberalismo. Estrategias y resistencias*, Madrid, Editorial Trotta, 2012, pp. 145-170.

No es casual que los incrementos en las penas se anunciaran en medio del revuelo causado por casos de asesinato y agresiones sexuales a niños y adolescentes, o que los testigos de estas víctimas y sus familiares ocuparan un papel protagonista en el propio debate político así como en los medios. En España, para la reforma penal de 2015, el Partido Popular utilizó el triste caso de Marta del Castillo, apelando sin remilgos a la visceralidad de la opinión pública, convirtiendo la necesidad de endurecer la severidad del sistema penal en sentido común. En febrero de 2014, el PP en el gobierno citó al padre de la joven asesinada en el año 2009 para que compareciera en el Congreso de los Diputados y defendiera sus propuestas de tratamiento de aquellos crímenes para los que consideraba que no había reinserción posible.[22] La comparecencia situaba a la víctima en el centro del debate, como se había hecho en otras ocasiones en los debates sobre el tratamiento penal de los condenados por terrorismo.

Populismo punitivo y radicalización xenófoba

El populismo punitivo, al igual que la radicalización xenófoba, están cosechando importantes éxitos electorales. El auge de la extrema derecha en Europa se apoya simultáneamente en el alarmismo securitario y en la xenofobia: ofrece respuestas simples a cuestiones tan complejas como el fenómeno mismo del delito, al tiempo que promete al electorado el retorno a un pasado mítico de prosperidad, paz social y sociedades culturalmente homogéneas.[23] Si la sensación de abundancia de las décadas de 1950 y 1960 facilitaba la confianza en paradigmas rehabilitadores para luchar contra el delito, la gestión de la escasez neoliberal requiere identificar culpables. Y «el inmigrante» es un culpable ideal, desposeído de derechos políticos y siempre sospechoso de aprovecharse de las ayudas sociales o de estar al acecho para obtener recursos de actividades delictivas.

Los tres grandes temas de las últimas campañas electorales francesas han sido el miedo a un posible gobierno de extrema derecha, la inseguridad y las migraciones. Los tres se funden en uno solo si atendemos al papel que ha jugado el binomio delito-inmigración en aquel país desde la década de 1990. El antropólogo Didier Fassin[24] afirma que la derecha francesa buscó en el alarmismo securitario y la radicalización xenófoba una vía para recomponer su espacio político tras la derrota de

---

[22] Redacción de *La Vanguardia*, «El padre de Marta del Castillo pide en el Congreso opinar sobre el nuevo Código Penal», *La Vanguardia*, 4 de febrero de 2014 (disponible en internet).

[23] Zigmunt Bauman, *Retrotopía*, Barcelona, Paidós Ibérica, 2017.

[24] Didier Fassin, *La fuerza del orden. Una etnografía del accionar policial en las periferias urbanas*, Buenos Aires, Siglo XXI, 2016.

1981, que dio paso a la presidencia de Mitterrand y al auge del Frente Nacional. Aunque puede resultar paradójico, la agenda política gala empezó a girar alrededor de la inseguridad en un momento histórico en el que no se registraba un incremento significativo de la actividad delictiva.

El éxito de la extrema derecha europea se apoya en la construcción de un «otro peligroso» que pone en riesgo el estilo de vida de la ciudadanía nativa. Sus discursos convierten a los inmigrantes en una amenaza de la que hay que proteger a un electorado que, efectivamente, ha visto erosionado su bienestar y se ve incapaz de imaginar un futuro esperanzador. En España, la asociación entre populismo punitivo y xenofobia ha llegado de la mano del auge de la extrema derecha y ha supuesto una normalización de discursos racistas y la vinculación de un supuesto aumento descontrolado de la delincuencia con la llegada de población migrante.[25]

Para el principal partido de ultraderecha español, los jóvenes marroquíes son un filón comunicativo a la hora de conectar los miedos y prejuicios de la población con su propio discurso político. Así ha encontrado en la problemática de los Menores Extranjeros No Acompañados (conocidos como MENA) una brecha para introducir en la agenda mediática su narrativa contra la inmigración y el islam. En 2019, como respuesta al aumento de las llegadas de personas migrantes a través de la frontera sur, VOX lanzó una ofensiva a través de las redes sociales en la que utilizaba el acrónimo MENA como símbolo de las políticas «progres», al tiempo que declaraba la guerra al asistencialismo social universal y convertía las entradas irregulares a España a través de las fronteras terrestres de Ceuta y Melilla y de las travesías de Gibraltar y las Islas Canarias, en una cuestión de seguridad.[26]

La formación política resumía así su estrategia en el cartel colocado en la estación madrileña de la Puerta del Sol en abril de 2021. Sobre la imagen de una anciana y de un joven racializado encapuchado y con parte del rostro cubierto por un pañuelo se leía «Un mena: 4.700 euros al mes. Tu abuela: 426 euros de pensión al mes».[27] El cartel daba a entender que las administraciones transfieren una cantidad desorbitada de dinero a los jóvenes migrantes, aunque la cifra resulta de dividir el coste de uno de los centros de acogida de la Comunidad de Madrid entre el número de plazas de que dispone (lógicamente, el presupuesto del centro incluye el mantenimiento, suministros, amortizaciones, personal de administración, personal de intervención social, etc.).

---

[25] Alfonso A. López-Rodríguez, Álvaro González-Gómez y Serafín González-Quinzán, «Populismo punitivo y extrema derecha en el espacio ibérico», *Universitas-XXI, Revista de Ciencias Sociales y Humanas,* núm. 35, 2021, pp. 103-126.
[26] Zakariae Cheddadi, «Discurso político de Vox sobre los menores extranjeros no acompañados», *Inguruak. Revista Vasca de Sociología y Ciencia Política,* núm. 69, 2020.
[27] Redacción de *El Diario,* «Vox carga contra los menores migrantes con datos manipulados en sus carteles de campaña», *ElDiario.es,* abril 2021.

La radicalización xenófoba en España se apoya simultáneamente en presentar a las personas migrantes como una sobrecarga para las políticas sociales y en un peligro para la seguridad pública, convirtiendo al «inmigrante» en el objetivo principal de las políticas de control social. Se plantea en consecuencia que las administraciones deben ejercer un control sobre la población beneficiaria de ayudas sociales o de transferencias públicas, como si esta no fuera una de las funciones del sistema de servicios sociales y como si en estos momentos se estuvieran derrochando recursos ingentes en la población empobrecida. Se pone, de este modo, en duda el merecimiento de las personas migrantes, al tiempo que se extiende la permanente sospecha de fraude en la obtención de ayudas que sirven para evitar el trabajo asalariado o para complementar los ingresos del empleo irregular. Promover el conflicto entre las personas de nacionalidad española con bajos ingresos y los hogares migrantes resulta fácil en un contexto de escasez. Este es el caso, por ejemplo, de las campañas basadas en exponer los apellidos de las familias beneficiarias de becas de alimentación escolar o «becas comedor».

Por otro lado, el auge de la extrema derecha y su constante presencia mediática ha permitido que el vínculo entre migraciones y delincuencia se normalice en los discursos públicos y mediáticos. De unos años a esta parte, cualquiera que trate de centrar la atención en las causas estructurales de la delincuencia es atacado por tratar de justificar unas supuestas políticas migratorias altamente permisivas que abren las puertas a delincuentes de todo el mundo, poniendo en riesgo la seguridad pública. Como hemos visto y veremos más adelante, esta estrategia tiene éxito con independencia de la evolución de la actividad criminal y se alimenta de la sobrerrepresentación de las personas de nacionalidad extranjera en las estadísticas policiales y penitenciarias.

Populismo punitivo y radicalización xenófoba tienen en común la propuesta de soluciones de dudosa efectividad para los problemas que identifican. Ni el endurecimiento de los códigos penales tiene un efecto en el volumen de la delincuencia, ni las políticas migratorias más restrictivas reducen la movilidad internacional o la población residente en situación de irregularidad. Ciertamente, logran apoyo electoral, justificar el aumento de la capacidad represiva del Estado y aumentar la precariedad de las vidas de la población migrante exponiéndola todavía más a la explotación.

Evolución de la criminalidad, tendencias y alarmismo

El caso español ejemplifica la disociación entre la criminalidad real y la estrategia política y electoral. El aumento de los delitos no resulta imprescindible para que el alarmismo securitario con fines electorales invada la agenda política. La expansión global del populismo punitivo muestra, sin embargo, un deterioro del debate político y de la confianza de la ciudadanía en las políticas públicas y en las garantías del Estado de derecho.

El populismo punitivo parte de premisas falsas. El aumento de la severidad de las penas de prisión y el consecuente crecimiento de la población penitenciaria no supone una reducción de los hechos delictivos. En otras latitudes, penas mucho más severas que las previstas por el ordenamiento jurídico español conviven con aumentos significativos de la criminalidad. Desde 1992, las tasas de encarcelamiento han crecido de forma generalizada en todo el continente americano y esto no ha supuesto una reducción de la actividad criminal. Antes bien, lo que ha provocado es una mayor masificación de las cárceles y una creciente vulneración de derechos humanos denunciada por la Comisión Interamericana de Derechos Humanos.[28] El punitivismo ha justificado además el abuso generalizado de la prisión preventiva llegando a constituir los presos en espera de juicio casi la mitad de todos los encarcelados en América Latina.[29]

La asunción acrítica de que la vía de solución pasa por aumentar la severidad de la privación de libertad y utilizar (incluso sembrar) el miedo con fines electorales, comporta el deterioro de la seguridad jurídica para el conjunto de la población, sin generar los resultados esperados a medio y largo plazo. La prisión es un ambiente criminógeno y suele provocar un efecto contrario al prometido, alentando el crecimiento y fortalecimiento de organizaciones criminales y concentrando a miles de jóvenes sin oportunidades dentro de una institución que representa justo lo contrario de un proyecto de vida alejado de las actividades delictivas.[30]

Hay, no obstante, algunos indicios que muestran un cambio de tendencia. El endurecimiento de los códigos penales se frenó poco después de la crisis financiera de 2008. En España, la población reclusa llegó en aquellos momentos a su máximo histórico, con 76.951 personas encarceladas, 164 por cada 100.000 habitantes,[31] para iniciar un lento descenso en los años siguientes. Hasta hace escasamente dos años, en Estados Unidos estaba creciendo un cierto consenso entre demócratas y republicanos acerca de la preocupación por los costes económicos del encarcelamiento masivo. Un informe del Brennan Center for Justice[32]

---

[28] Inter-American Commission on Human Rights,«Report on the Human Rights of Persons Deprived of Liberty in the Americas», diciembre de 2011.

[29] Open Society Justice Initiative, *Presumption of Guilt*, septiembre de 2014.

[30] Steven Dudley y James Bargent, «El dilema de las prisiones: incubadoras del crimen organizado», en *Insight Crime*, 2017.

[31] José Ángel Brandariz, *op. cit.*

[32] James Austin *et al.*, «How many Americans are unnecessarily incarcerated», Informe

publicado en 2016 estimaba que el 39 % de las personas que cumplen condena de privación de libertad en ese país no representaban un peligro para la seguridad ciudadana. Estos podrían estar cumpliendo penas alternativas, lo que supondría un ahorro de más de veinte mil millones de euros anuales. Algunas propuestas planteadas en el informe, como el desarrollo de programas de deshabituación de drogas —ampliamente extendidas en los barrios empobrecidos— o la reducción de las penas a personas culpables de delitos violentos, parecían tener una mayor aceptación entre los representantes políticos de la que se hubiera obtenido una década antes.

Pero pese a las evidencias y los incipientes debates sobre la insostenibilidad financiera del encarcelamiento masivo, el populismo punitivo sigue siendo la respuesta preferida de la mayor parte de partidos políticos ante problemas causados por el incremento de las desigualdades y el deterioro de las condiciones de vida de los hogares de rentas medias y bajas. La precariedad provocada por la desregulación de los mercados, la erosión de los mecanismos de protección social y la criminalización de la pobreza (basada en la individualización de los problemas sociales) parecen necesitar un aparato represivo en constante expansión.[33] Este se concreta en condenas de prisión más severas, pero también en la amplia aceptación social de propuestas de más control del espacio público, de mayor presencia policial en todos los ámbitos de la vida y de una ampliación del castigo hacia cualquier comportamiento que no encaje en los estilos de vida mayoritarios. Por supuesto, los mecanismos de represión también se aplican a las movilizaciones sociales contra las políticas gubernamentales.

En pocos años los discursos vinculados a esta estrategia política se han convertido en un elemento indisociable del rechazo a la inmigración, convirtiendo a las personas migrantes en culpables de los supuestos aumentos de las tasas de criminalidad.[34] Los datos de criminalidad registrados en España no justifican ni el alarmismo securitario ni la proyección del miedo al delito sobre la población migrante.[35] La tasa de criminalidad se ha mantenido estable entre las 45 y las 50 infracciones penales por cada 1.000 habitantes desde principios del siglo XXI.[36] El gran aumento de los flujos migratorios recibidos en el mismo periodo no parece haber tenido un gran impacto directo en el número de hechos delictivos.

---

de *Brennan Center for Justice,* Nueva York, 2016.

[33] Ignacio González Sánchez, *Neoliberalismo y Castigo,* Barcelona, Bellaterra Edicions, 2011.

[34] Alfonso A. López-Rodríguez, Álvaro González-Gómez y Serafín González-Quinzán, *op. cit.*

[35] Portal Estadístico de Criminalidad, *Ministerio del Interior,* 2023.

[36] Ibídem.

Como se ha visto, la estrategia alarmista y xenófoba ha cosechado ya algunos éxitos. Un eventual (y probable) crecimiento de la criminalidad registrada no haría más que alimentar esta posición, habida cuenta de que buena parte de las contranarrativas utilizadas hasta el momento se han apoyado en unas cifras oficiales de criminalidad estables. El crecimiento de las desigualdades y la falta de oportunidades de muchos jóvenes migrantes son factores criminógenos que podrían tener un impacto a corto y medio plazo en la evolución de la actividad delictiva. De hecho, profetizar un aumento de la criminalidad en barrios empobrecidos y segregados con una alta proporción de población migrante es una apuesta bastante segura frente a la falta de inversión en políticas que reviertan la precariedad laboral, las dificultades para hacer frente al pago de la vivienda y la exclusión administrativa provocada por la condena a la irregularidad que viven cientos de miles de vecinas y vecinos. En definitiva, a pesar de su dudosa efectividad, frente al aumento de la delincuencia como síntoma de una creciente conflictividad social, las soluciones punitivas van a seguir siendo invocadas.

En Cataluña, los últimos datos publicados por el INE sitúan la tasa de criminalidad en 63,9 delitos conocidos por la policía por cada 1.000 habitantes. Se trata de una cifra similar a la de 2019, que sin embargo confirma una tendencia al alza algo más pronunciada que en el resto del Estado. Las encuestas de victimización también apuntan a un progresivo aumento de la proporción de personas que recuerdan haber sufrido un delito en el año anterior a la realización de las mismas.[37] Los delitos que han protagonizado esta tendencia ascendente son los robos, los hurtos y las estafas, si bien no se observa un aumento significativo de los delitos violentos. Existen varios factores que podrían impulsar el crecimiento de estos indicadores. La campaña de la extrema derecha culpa a la población extranjera residente del supuesto apocalipsis criminal, que está a punto de estallar, mientras olvida la estrecha relación entre actividad turística y delito:[38] el gran volumen de población flotante y la actividad económica vinculada al turismo masivo multiplica obviamente las oportunidades de lucrarse a través de robos, hurtos, comercio de drogas ilegales, etc.[39]

Por otra parte, la peligrosidad de la juventud migrante puede convertirse en una profecía autocumplida, si se consideran las crecientes

---

[37] Marta Murrià Sangenís (coord.), *Enquesta de Victimització de l'Àrea Metropolitana de Barcelona 2024*, Barcelona, Institut Metròpoli, noviembre 2024.

[38] Diego Jesús Maldonado-Guzmán, «Savage tourism and its implication in theoretical criminology: a shift towards social disorganization», *Current Issues in Tourism*, vol. 26(4), 2023, pp. 632-646.

[39] Héctor Sánchez-Delgado, «Explicando la delincuencia en Barcelona: ¿Desorganización social u oportunidades del turismo?», *Revista española de investigación criminológica*, vol. 21(1), Barcelona, noviembre de 2024.

dificultades a las que se enfrentan las familias para obtener ingresos suficientes en el mercado laboral. Estas dificultades son especialmente evidentes para quienes no disponen de autorización de residencia y de trabajo en unos tiempos en que Europa impone las políticas migratorias más restrictivas de la historia. La combinación de exclusión social, diversidad de orígenes y delincuencia es terreno abonado para los discursos de odio. De hecho, la victimización es sensiblemente más elevada entre las personas con rentas bajas que entre los sectores más acomodados. Según la Encuesta de Seguridad Pública de Catalunya, un 32 % de las personas encuestadas en 2022 habían sufrido un delito el año anterior, pero la cifra ascendía al 43 % entre las personas que afirmaban llegar con dificultades a final de mes.[40]

Conclusiones

Vivimos en una crisis de seguridad permanente. Esta crisis no viene determinada necesariamente por las tasas de criminalidad, sino por la gran atención que despiertan los hechos delictivos, la percepción de inseguridad. A juzgar por los debates institucionales, por los mensajes en redes sociales y por los medios de comunicación, cada día cuando salimos de casa enfrentamos peligros. Sin embargo, el número de delitos registrados por los cuerpos policiales en el Estado español se ha mantenido estable durante más de una década.

Afirmar públicamente que las políticas policiales y penales deberían responder a la evidencia empírica se ha convertido en toda una hazaña, que normalmente recibe por respuesta el desprecio de quienes atribuyen sus inseguridades a un supuesto apocalipsis delictivo, el mismo que es pregonado por tertulianos y opinadores en programas matinales, intercalados con anuncios de alarmas y aseguradoras. Reafirmarse en la necesidad de trascender las percepciones subjetivas y de acudir a fuentes de información sólidas es difícil en unos tiempos en los que la rebeldía se identifica con el cuestionamiento del método científico y la denuncia de conspiraciones globales que nos hacen creer en un cambio climático provocado por la acción humana y en una tierra esférica.

Han pasado 24 años desde que David Garland publicara *La sociedad del control* y 16 desde la publicación de *Castigar a los pobres* de Loïc Wacquant, dos obras clave para comprender el giro punitivo de finales del siglo XX. Entre otras cosas, estos libros describen el proceso por el cual se normalizó la utilización electoral del miedo al delito, las exigencias de endurecimiento de las penas privativas de libertad y la competición entre partidos políticos por mostrar más mano dura

---

[40] Generalitat de Catalunya, *Enquesta de seguretat pública de Catalunya 2022* (disponible en internet).

contra el crimen. Propuestas que en los años ochenta hubieran sido desechadas por su falta de racionalidad y por promover las pulsiones vengativas de una parte de la sociedad se han convertido en el núcleo de los programas electorales en materia de seguridad. Esto es lo que ha provocado la impresionante inflación penitenciaria de Estados Unidos y el significativo aumento de la población reclusa en el resto de países occidentales, siguiendo una pauta ampliamente estudiada: los Estados con menor inversión en políticas sociales presentaban las tasas de población reclusa más elevadas.[41]

Hoy la inversión social está más cuestionada que en los primeros compases de la reacción neoliberal. De igual modo, el relato que presenta a las personas migrantes como pobres no merecedores que se aprovechan de las políticas sociales se ha normalizado peligrosamente. En paralelo, la extrema derecha ha conciliado de forma muy hábil el populismo punitivo con la radicalización xenófoba, presentándose como una opción contestataria frente una clase política incapaz de garantizar la seguridad que supuestamente en el siglo XX caracterizaba a las sociedades culturalmente homogéneas y blancas. El alarmismo securitario alimenta el rechazo de las personas migrantes y ofrece la posibilidad de proponer soluciones tan sencillas como falsas: culpar, expulsar, deportar y reprimir a quienes se culpa de los conflictos provocados por el crecimiento de las desigualdades y los mecanismos de explotación y desposesión. Todo ello, animado por el desarrollo de tecnologías de control social que hubieran sido el sueño húmedo de los regímenes totalitarios del pasado.

El consenso punitivo ha generado progresivamente un medio ambiente propicio para la extrema derecha y asfixiante para las izquierdas con grandes dificultades para formular propuestas alternativas. ¿Un partido político que aspire a gobernar se puede permitir un programa basado en la reducción de la población penitenciaria, la revisión de las funciones de los cuerpos de seguridad del Estado y el freno al crecimiento de sus efectivos? La izquierda más cercana a posiciones de gobierno o bien se mantiene en silencio, o bien desarrolla su discurso dentro del marco punitivo. En el ámbito local se compite electoralmente vinculando seguridad y civismo, limpieza y reducción del delito, como si todo lo que molesta a los ciudadanos de bien tuviera las mismas causas y exigiera idénticas soluciones disciplinarias. En el ámbito estatal se trata de no hacer ruido, mimetizando los intereses sociales con los de los cuerpos policiales y el sistema penitenciario. En consecuencia, cuando el Estado trata de desactivar el alarmismo securitario, lo hace defendiendo los buenos resultados del trabajo de las fuerzas del orden.

---

[41] Tapio Lappi-Seppälä, *op. cit.*

Las izquierdas con una representación institucional más limitada o los colectivos sin representación construyen un discurso antipunitivo que identifica el sistema penal, los tribunales y los cuerpos policiales como parte de un aparato represor al servicio de las élites. Pero el rechazo frontal a las instituciones de control social deja poco espacio para imaginar políticas de seguridad pública alternativas, así como para debatir acerca de la viabilidad de transformar la economía del castigo, la administración de justicia o los cuerpos policiales.

En este contexto, la respuesta a las personas que reivindican el «derecho a sentirse seguras» no puede consistir en negar su percepción de inseguridad. Es necesario buscar estrategias para acoger los miedos, crear sentido de comunidad y combatir el individualismo. Presentar argumentos bien fundamentados para sostener que «no es para tanto» y para combatir el alarmismo en un contexto comunicativo que favorece la polarización y premia los contenidos más polémicos con mayor visibilidad puede resultar contraproducente. Uno de los principales problemas del punitivismo es que aparca cuestiones fundamentales para la construcción de la seguridad. Los malestares sociales relacionados con las políticas económicas, laborales, sociales o de vivienda quedan a un lado y el debate público es colonizado por el miedo al crimen: este es el contexto en el que el populismo punitivo pone en cuestión la garantía de derechos para satisfacer las pulsiones vengativas y las ansias de control. Combatir el alarmismo securitario requiere disputar el concepto de seguridad sin invalidar la percepción de inseguridad. Distinguir entre el temor a ser víctima de delitos que pongan en riesgo nuestra integridad física, el miedo a sufrir un hurto o un robo y el rechazo a la suciedad o al deterioro de los espacios que usamos a diario es fundamental para que las soluciones punitivas y policiales no colonicen el abanico de exigencias que la ciudadanía dirige a las administraciones públicas.

«El inmigrante» se ha convertido en el objeto de control prioritario de las políticas policiales y penales. Los hombres jóvenes migrantes ocupan hoy el lugar que en otros tiempos ocuparan los jóvenes de los barrios empobrecidos y segregados y, posteriormente, los consumidores de heroína.[42] El éxito de los discursos punitivistas se basa en la construcción de un «otro peligroso» que pone en riesgo el estilo de vida de la ciudadanía. Las personas migrantes se han convertido en la amenaza de la que debe protegerse un electorado que ha visto erosionado su bienestar y que, en la búsqueda de soluciones simples, asume como objetivo político el retorno a un pasado mítico en el que una sociedad más homogénea gozaba de mayor seguridad. Pero la añorada seguridad tiene más que ver con la falta de garantías de no perder calidad de vida que con la amenaza de la criminalidad. Mientras la inse-

---

[42] José Ángel Brandariz, *op. cit.*

guridad que generan el mercado laboral o el mercado de la vivienda se asume como si formara parte del orden natural del mundo, fenómenos sociales como la pequeña delincuencia abren la posibilidad de identificar culpables y proponer soluciones aparentemente sencillas.

Con la promoción de iniciativas comunitarias que canalicen las inquietudes del vecindario en relación con la percepción de inseguridad, se podría aspirar a hacer operativa la máxima que dice que «nos cuidan las vecinas y no la policía», al menos en lo que respecta a la vida cotidiana. Cualquier iniciativa que rompa con la tendencia a recurrir a los cuerpos policiales como autoridad externa para resolver (o inhibir) los conflictos contribuye a mejorar las relaciones interpersonales y entre colectivos, además de generar seguridad.

Los cuerpos policiales son mayoritariamente reactivos frente a los delitos. Gestionan sus consecuencias, pero la construcción de la seguridad implica una gran diversidad de actores sociales. Cuestionar esta centralidad implica someter a debate público la tendencia a la militarización policial y la ampliación indefinida de efectivos. Tal vez sea necesario avanzar en otras direcciones como el impulso de estrategias basadas en la prevención, el uso de plazas y calles, el diseño de los espacios públicos, la iluminación o la mejora de la relación entre la ciudadanía y los cuerpos policiales, ampliando la capacidad administrativa en lugar de aumentar la presencia policial uniformada en las calles.

En el ámbito penal, mientras los discursos punitivistas sostienen una estrecha vinculación entre castigo y desistimiento, disponemos de sobrada evidencia empírica sobre el efecto criminógeno de las instituciones penitenciarias y sabemos que la progresión a tercer grado y el cumplimiento de penas en medio abierto reducen la reincidencia. Las propuestas políticas orientadas a potenciar las alternativas a la privación de libertad no ponen en riesgo al conjunto de la sociedad; al contrario, contribuyen a reducir la actividad delictiva.

Delitos de odio,
una legislación que se ha vuelto en contra del activismo

Nora Rodríguez

E l delito de odio es un tipo penal que ha estado envuelto en múltiples polémicas desde su inclusión en nuestra legislación y todavía hoy sigue siendo un terreno plagado de ambigüedades que permiten su instrumentalización con fines ajenos a aquellos para los que fue creado. Lo que empezó como una reivindicación de colectivos LGTBI y antirracistas, que veían una desprotección legal frente a las agresiones y amenazas que sufrían, se ha convertido en un arma de represión y control contra antifascistas, activistas LGTBI y propalestinos, periodistas y diferentes militantes de izquierdas, utilizada tanto por el Estado como por partidos y organizaciones de extrema derecha.

Esto ha provocado que se reabra, una vez más, el debate sobre si los endurecimientos penales y las vías punitivas se convierten en un arma de doble filo que puede volverse en contra de los movimientos y dar más herramientas represivas al Estado. En concreto, se ha planteado la pregunta de si esta figura penal del delito de odio ha cumplido con la finalidad para la que fue creada con el fin de proteger a colectivos vulnerables. Y, por extensión, si desde la izquierda se debe impulsar nuevos tipos penales de este signo y confiar en quienes los interpretan y administran justicia, o si, por el contrario, debería prescindirse de este tipo de legislación, ya sea por el riesgo de que se aplique de manera interesada, o bien porque se dude de su eficacia o no resulte una vía adecuada para enfrentar la discriminación.

Los delitos de odio comenzaron a regularse en el Código Penal de 1995, donde estaban recogidos como una circunstancia que agravaba la responsabilidad criminal. No se trataba de un delito en sí, sino de una agravante[1] que hacía referencia a la comisión de un delito «por motivos racistas, antisemitas u otra clase de discriminación referente a la ideología, religión o creencias de la víctima, la etnia, raza o nación a la que pertenezca, su sexo u orientación sexual, o la enfermedad o minusvalía que padezca». Esto permitía aumentar la pena impuesta por otro delito si se apreciaban estos motivos discriminatorios. Esta agravante, en su apartado sobre discriminación ideológica, también fue utilizada contra miembros de colectivos de izquierdas en juicios contra grupos de extrema derecha. Por ejemplo, si eran juzgados por una pelea y acusados de un delito de lesiones, se aplicaba esta agravante para aumentar la pena, al considerar que existía una oposición ideológica. La oposición ideológica a los grupos nazis, por ejemplo, se consideraba una circunstancia que debía agravar la condena.

En 2015 se produce una nueva regulación que establece los delitos de odio como tales en el artículo 510 del Código Penal, introducido por la reforma de la Ley Orgánica 1/2015. Esta reforma crea el delito de odio como una figura penal autónoma, con penas de hasta cuatro años de prisión. Sin embargo, el Código Penal no ofrece una definición clara de qué se entiende por delito de odio, no incluye ninguna formulación concreta ni un capítulo específico dedicado a estos delitos, lo que ha dado lugar a interpretaciones diversas. Esta ambigüedad ha abierto la puerta a que esta figura penal se instrumentalice con fines políticos, afectando de forma clara a las disidencias de izquierdas. Es aquí donde surge el debate, ya no solo sobre su aplicación, sino sobre su defensa como instrumento legal útil para proteger a determinados colectivos y sobre las demandas de ampliación que se han planteado en estos últimos años.

Además de constituir un delito en sí mismo —con penas de entre uno y cuatro años de prisión—, la imputación del delito de odio junto con otros delitos puede aumentar las penas durante la instrucción y cambiar el tipo de procedimiento judicial al que se enfrenta la persona acusada. Existen distintos tipos de procedimientos judiciales según la pena que se pueda imponer: procedimiento abreviado (si la pena en abstracto es menor de nueve años), procedimiento sumario (si es mayor de nueve años) o procedimiento por delitos leves (lo que antes se conocía como «faltas»). Así, por ejemplo, en casos de lesiones leves o amenazas —que normalmente se juzgarían como delitos leves—, si se

---

[1] Una agravante en el ámbito penal es una circunstancia que aumenta la responsabilidad criminal del autor de un delito y con ello conlleva el establecimiento de una pena mayor que la que cabría al delito por sí solo. Por ello, añadir una agravante como el de discriminación ideológica a otro delito conlleva que la pena final solicitada sea mayor.

considera que hubo motivación de odio según los supuestos recogidos, el proceso pasa a ser un procedimiento abreviado. Esto no solo implica penas de prisión, sino también un juicio mucho más largo y costoso, además de requerir abogado y procurador.

Desde su inclusión en el Código Penal, hemos visto cómo el delito de odio se ha imputado en casos en los que la supuesta víctima no pertenece a un grupo vulnerable o necesitado de esta protección jurídica. Así ocurre cuando se ha aplicado considerando como víctima a la policía o a grupos de ideología neonazi o ultraderechista, que claramente no constituyen grupos vulnerables. Y no solo en casos de agresiones, sino también en relación con comentarios en redes sociales, bajo el tipo de incitación al odio. Si repasamos la historia de este delito y su aplicación desde su incorporación a la legislación penal, podemos ver cómo desde el primer momento ha sido utilizado como medio de control y represión hacia militantes de izquierdas. Ha habido casos en los que ha sido la propia fiscalía o la policía quienes han imputado delito de odio, pero también resulta significativo cómo partidos de derecha y de extrema derecha —y también organizaciones católicas y ultraconservadoras— han utilizado esta regulación e interpretación para denunciar acciones de colectivos o asociaciones que se manifestaban contra sus ideas.

La utilización de los delitos de odio

Uno de los primeros casos de este uso de los delitos de odio se produjo hace ya diez años, en octubre de 2015, cuando la Brigada de Información de la Policía Nacional detuvo a tres militantes antifascistas, a quienes imputaba un delito de lesiones, riña tumultuaria y delito de odio por unos incidentes ocurridos en un puesto de recogida de alimentos del grupo nazi Hogar Social. Esta operación se llevó a cabo junto con la Fiscalía Provincial de Delitos de Odio y Discriminación, tan solo cinco meses después de la aprobación de la reforma que incluía este delito en el Código Penal, lo que ya daba pistas de cómo iba a ser utilizado y contra quiénes. Antes de estas detenciones, la Secretaría de Estado de Seguridad del Ministerio del Interior había anunciado la puesta en marcha de un protocolo unificado de actuación para las Fuerzas y Cuerpos de Seguridad del Estado en materia de delitos de odio y otras conductas discriminatorias. Es decir, la primera vez que se aplica este tipo penal contra antifascistas es por una instrucción de la policía, que califica los hechos como delito de odio sin que las supuestas víctimas lo solicitaran.

Delito de odio contra la policía y otras autoridades

Muy sonado también fue el caso de 2018, en el contexto del referéndum de Cataluña, cuando la Fiscalía de Barcelona anunció que investigaría como delitos de odio los ataques cometidos contra la policía en el marco de las manifestaciones independentistas o de apoyo al referéndum. Se abrió entonces un debate jurídico sobre si este tipo penal puede aplicarse a los Cuerpos de Seguridad del Estado y si puede hablarse de discriminación ideológica hacia la policía, tratándose de una institución que, en teoría, debe ser neutral ideológicamente. Además, la policía no constituye un colectivo vulnerable, que pueda ser discriminado por una identidad común o ideológica, y entre las motivaciones previstas en los delitos de odio no se contempla el desempeño de una determinada profesión.

Ese mismo año, tras una querella presentada por la Fiscalía, el Tribunal Superior de Justicia de Cataluña tuvo que pronunciarse y declaró que las fuerzas del orden no pueden ser consideradas un colectivo vulnerable y que un discurso hostil contra la autoridad no puede sancionarse como un delito de odio. Para ello, se apoyó en las declaraciones de la Comisión Europea contra el Racismo y la Intolerancia, donde se afirma que «tipificar determinadas formas de expresión de incitación al odio se estableció para proteger a los miembros de los colectivos vulnerables por motivos de raza, color, ascendencia, origen nacional o étnico, edad, discapacidad, lengua, religión o creencias, sexo, género, identidad de género, orientación sexual y otras características o condiciones personales». Por tanto, no puede considerarse a la policía como víctima de un delito de odio.

A raíz de estas sentencias y de las peticiones de la Fiscalía para tratar a miembros de la policía como víctimas de delitos de odio, el portavoz de la Organización para la Seguridad y la Cooperación en Europa (OSCE), Thomas Rymer, declaró que la profesión de una persona no puede considerarse una característica objeto de discriminación, tal y como se estaba planteando.[2] Aclaró que las características protegidas son «la raza, la etnia, el idioma, la religión, la nacionalidad, la orientación sexual, el sexo o cualquier otra característica fundamental», negando que la policía esté amparada por esta legislación únicamente por su profesión.[3]

---

[2] Miquel Ramos, «Organismos internacionales advierten a España: "Los ataques a la Policía no son delitos de odio"», *Público*, 24 de junio de 2018.
[3] El abogado de la Comisión Europea contra el Racismo y la Intolerancia (ECRI) del Consejo de Europa, Wolfram Bechtel, también se pronunció en la misma línea al afirmar que «un oficial de policía en principio también puede ser víctima de un delito de odio si se le ofende, por ejemplo, con una motivación racista», pero que esto no aplicaría cuando la motivación está vinculada únicamente a su oficio. Ante los numerosos casos en España en los que esta acusación está generando polémica, la ECRI «ha expresado que la legislación sobre crímenes de odio no debe ser mal utilizada por la policía u otras autoridades», equiparando la situación en el Estado español con los avisos que ya dirigieron en 2016 a Turquía y Azerbaiyán por motivos similares.

Otro ejemplo de mal uso del delito de odio, así como de argumentos en contra de su interpretación incorrecta, podemos encontrarlo en la revisión de una sentencia del 2007 que condenaba a dos jóvenes por quemar retratos de los reyes. El Tribunal Europeo de Derechos Humanos falló en 2018 que la sentencia no fue «ni proporcional ni necesaria en una sociedad democrática», y consideró que el acto en cuestión no constituía una incitación al odio o a la violencia, sino que la quema de la imagen debía interpretarse como una expresión simbólica de protesta. Por ello, concluyó que se habían vulnerado la libertad de expresión y la libertad de conciencia y religión, y condenó al Estado español a indemnizar a los jóvenes con 9.000 euros. Además, estableció que los hechos no podían considerarse un ataque personal al Rey como individuo, sino un acto de rechazo hacia la institución de la monarquía, diferenciando entre la crítica a una institución y el ataque a una persona.

Habría que hablar aquí también del conocido como caso Alsasua de 2016: una pelea en un bar en la que se vieron implicados dos guardias civiles, sus parejas y ocho jóvenes de la localidad; estos últimos fueron imputados por una serie de delitos. El caso resultó especialmente mediático y controvertido, ya que, tras descartarse los cargos de terrorismo por parte de la Audiencia Nacional, los acusados fueron juzgados y condenados a las penas máximas previstas en el Código Penal para cada uno de los delitos, al considerarse que concurrían los agravantes de abuso de superioridad y odio. Según la sentencia, los jóvenes actuaron «por su clara animadversión y desprecio hacia la Guardia Civil y por motivos muy claramente ideológicos, intentando expulsar a dicho estamento de la localidad». Una vez más, se aplicó a funcionarios del cuerpo de la Guardia Civil una protección legal pensada para colectivos vulnerables y en situación de discriminación.

Finalmente, tras el recurso presentado por la defensa, el Tribunal Supremo rebajó las penas al eliminar las agravantes de discriminación y abuso de superioridad.[4] Argumentó que no podía aplicarse la agravante de odio, ya que la condición de guardias civiles de los denunciantes ya se había tenido en cuenta para imputar el delito de atentado a la autoridad.

En esta sentencia, dos magistrados formularon un voto particular en el que defiende que se debió mantener la agravante de discriminación al considerar que los actos excluyentes a las personas que representan instituciones del Estado son actos de discriminación por una cuestión de ideología contra lo que representa el Estado y «que en el imaginario de algunos colectivos se pueda atribuir, con acierto o sin ningún acierto, a los integrantes de un cuerpo como es la Guardia

---

[4] Consejo General del Poder Judicial, «El Tribunal Supremo condena a los ocho acusados del "caso Alsasua" a penas de entre 1 año y 6 meses de prisión y 9 años y 6 meses», *Poder Judicial*, 9 de octubre de 2019.

Civil una ideología que ellos repudian y que consideran "indignos" para asentarse en un determinado territorio» con «una ideología que podríamos catalogar con el calificativo de "españolista" usado de forma despectiva en esos colectivos. Eso es lo que aflora en los hechos probados: unos ciudadanos por pertenecer a determinado cuerpo y por tanto suponerse que son "españolistas" y adversarios del nacionalismo abertzale, son agredidos y repudiados». Este voto particular fue apoyado por el partido Vox. Que se hubiese creado jurisprudencia en ese sentido habría sido especialmente preocupante, al abrir la puerta a considerar que cualquier crítica a instituciones del Estado o a sus miembros, si se basa en una motivación ideológica, pueda ser calificada como delito de odio.

A pesar del pronunciamiento del Tribunal Superior de Cataluña, los sindicatos policiales han seguido denunciando por delito de odio en casos relativos a comentarios contrarios a la policía en redes sociales; y en ocasiones, cuando se desestima este delito, se acaba condenando por injurias. Así fue en el caso del periodista Fonsi Loaiza, condenado por un delito de injurias graves a la policía por atribuirle en un tuit la muerte de Mame Mbaye. La sentencia fue recurrida y el caso ha llegado al Tribunal Constitucional, donde se estudiará si injuriar a policías afecta a un «símbolo del Estado» o al derecho al honor «individualizado» de los agentes.[5]

Delito de odio contra los nazis

Hace ya seis años, en 2019, la Fiscalía General del Estado mostró sus cartas de forma mucho más clara al emitir una circular sobre «pautas para interpretar los delitos de odio tipificados en el artículo 510 del Código Penal», donde se evidencia otro ejemplo de la desnaturalización del propósito central de estos delitos y del objeto de protección, que ha sido utilizado para encausar a miembros de colectivos antifascistas. Aunque, como ya hemos visto, esta práctica venía produciéndose desde la creación del delito en 2015. En esta circular se reitera que el origen del delito de odio está relacionado con la protección de colectivos desfavorecidos, pero se desvincula la «vulnerabilidad» de un colectivo como «elemento del tipo delictivo que requiera ser acreditado», así

---

[5] En el recurso presentado se solicita que el Constitucional se pronuncie sobre si el concepto de «fuerzas y cuerpos de seguridad» debe considerarse una «institución o símbolo del Estado» o, por el contrario, si debe entenderse como el conjunto de agentes, es decir, de funcionarios públicos con un derecho al honor individualizado. El TC considera que se trata de una cuestión sobre la que ya se ha pronunciado, pero en la que aún hay controversia y que tiene una «especial trascendencia», ya que «el presente recurso de amparo ofrece a este tribunal la oportunidad de reflexionar y precisar los criterios constitucionales que dilucidan los conflictos entre la libertad de expresión y la afectación al honor personal y al prestigio de las instituciones y símbolos del Estado».

como «el valor ético que pueda tener el sujeto pasivo», considerando que «una agresión a una persona de ideología nazi, o la incitación al odio hacia tal colectivo, puede ser incluida en este tipo de delitos». Para ello se cita como ejemplo de ideología merecedora de protección al nazismo, banalizando el espíritu con el que se crearon estos delitos, que acaban por extender su cobertura a las propias ideologías que promueven el odio.

El sinsentido es mayor aún al proponer como merecedores de protección a los mismos promotores del odio hacia el diferente. Cuando el odio en sí no constituye un delito, no se puede condenar el sentimiento de odiar a otra persona, sino que el fin es proteger a personas o comunidades vulnerables que son víctimas de ese odio y discriminación cuando se materializa en agresiones.

Esta equidistancia en su aplicación práctica se aleja por completo de los parámetros internacionales sobre los delitos de odio, que debería recoger la mencionada circular. Este texto, además de ser bastante ambiguo, no contribuye a clarificar la correcta aplicación del delito de odio, sino que apunta a cómo puede ser utilizado contra colectivos sociales y militantes de izquierda, como efectivamente ha ocurrido. La desnaturalización del objetivo para el que fueron creados ha provocado que estos delitos pierdan su sentido original y la eficacia buscada, convirtiéndose en un método de control y represión contra los colectivos sociales que precisamente luchan contra las manifestaciones de discriminación.

Utilización del delito de odio por partidos de extrema derecha

Vox se ha aprovechado de esta interpretación del delito de odio y ha denunciado sistemáticamente cualquier acción, concentración o manifestación contra sus actos o mesas informativas, desarrollando una campaña judicial paralela a la mediática para situarse como víctima del odio. Lo hizo en Vallecas, cuando cientos de vecinos se manifestaron contra sus mesas de propaganda y un mitin electoral de su presidente, Santiago Abascal, en la llamada Plaza Roja, en un claro intento de provocación. El partido presentó una querella por delitos de daños, delito en acto electoral, odio, prevaricación, lesiones y omisión del deber de perseguir delitos contra la delegada del Gobierno en Madrid, el mando policial responsable del acto, representantes de las peñas del Rayo Vallecano, los Bukaneros y otros. Finalmente, la querella fue inadmitida y se decretó que no se cometió ningún delito contra Vox.

También fue detenido por la Policía Nacional y llevado a dependencias de la Brigada de Información un tuitero por publicar un mensaje que decía «Monasterio y Abascal colgados del Puente de Vallecas», acompañado de una imagen del cadáver de Mussolini, días antes de los incidentes en el mitin. Denunciado por Vox, este sí fue juzgado por un delito de odio, a pesar de que el juzgado de instrucción determinó que un partido político —en este caso Vox y sus líderes— no puede ser considerado víctima de un delito de odio, siguiendo la doctrina del Tribunal Supremo, que se ha pronunciado en varias ocasiones en ese sentido. Sin embargo, tras el recurso del partido, la Audiencia Provincial estimó que Vox y sus líderes sí pueden ser víctimas de este delito, basándose en el argumento de que el Código Penal no exige que los afectados sean colectivos vulnerables. Según la magistrada, el delito de odio existe para combatir «los ataques a la igualdad» y la protección de minorías o colectivos desfavorecidos «no está previsto ni exigido en el tipo penal», por lo que considera que protege «a toda la sociedad, sean los afectados minoría o mayoría, estén o no estén desfavorecidos en la actualidad o en el pasado».[6]

Esta estrategia judicial de Vox ha sido desmontada en varias ocasiones, como cuando este mismo tribunal rechazó su recurso contra la negativa a abrir causa contra Ione Belarra (Podemos) por decir que el partido de Santiago Abascal son «nazis a cara descubierta» o en otras querellas interpuestas contra rivales políticos por comparaciones con el nazismo. Pero, pese a que muchas de sus denuncias y querellas acaban archivadas o desestimadas, esta táctica les permite hacer campaña política, volver al foco mediático y mantener a las personas denunciadas sometidas a procesos judiciales que implican una importante inversión de tiempo, desgaste emocional y económico.[7]

---

[6] Además, la jueza utiliza la supuesta relación del denunciado con «un grupo radical, violento», como los Bukaneros del Rayo Vallecano, para justificar que «no cabe descartar el posible factor de polarización», dejando claro que la ideología política o la militancia puede ser un elemento utilizado para imputar este tipo de delitos. Esto implica también una investigación policial sobre la ideología, los lugares o actos que frecuenta una persona y en qué grupos u organizaciones milita, evidenciando la existencia de «listas negras» en ficheros policiales donde, en muchos casos, lo reseñable es haber asistido a una manifestación, haber sido identificado o compartir publicaciones en redes sociales con determinada orientación política.

[7] Son numerosos los casos en los que Vox ha denunciado por delito de odio en situaciones parecidas a estas, tal y como ocurrió con un militante antifascista de Castellón denunciado por colgar un muñeco con la cara de Abascal y que fue condenado finalmente por un delito de amenazas, descartando el delito de odio por el que le pedían 3 años de cárcel. Especialmente preocupante en este caso fue el despliegue de medios empleado por la policía en la investigación: recogieron huellas dactilares del muñeco y de la cinta utilizada, además de no tener en cuenta si los materiales podían haber sido tocados por más personas de las que realizaron la acción. También es el caso contra cinco vallecanos en las fiestas de la Karmela que fueron detenidos de manera completamente aleatoria y acusados de un delito de odio, entre otros, tras un pasacalles que pasó frente a una caseta de Vox. Y de la denuncia también por delito de odio que presentó Vox a principios de marzo contra la asociación «Amistat Sant Cugat» y Arran por unos hechos ocurridos durante una gincana en la que se realizó una actividad «Apunta al fatxa» con la imagen del responsable de Vox de la localidad.

La utilización del delito de odio por asociaciones fundamentalistas

También la organización fundamentalista HazteOír ha usado esta legislación para perseguir a quienes protestaban contra sus discursos machistas, homófobos y tránsfobos, como es el caso de las denuncias puestas contra tres personas que se manifestaron en Valencia ante el bus de esta entidad, que llevaba mensajes contra la ley de violencia de género,[8] o a los ocho jóvenes de Sevilla, que en 2017 no dejaron circular un autobús similar con mensajes tránsfobos.[9] En el caso de Sevilla fue la Brigada Provincial de Información quien elaboró un informe de 130 páginas en el que atribuían presuntos delitos de odio ideológico a los investigados a quienes vinculaba con diversos colectivos o asociaciones, y a los que calificaba como «activistas antifascistas de extrema izquierda», incluyendo la trayectoria militante de los investigados. Vemos aquí una vez más como la utilización de estos ficheros policiales se ponen al servicio de las denuncias de partidos de extrema derecha. En un primer momento, el caso fue archivado, pero tras los recursos de Fiscalía y HazteOír fue reabierto, en una evidente alianza entre la policía, la Fiscalía y esta organización fundamentalista.

Uno de los últimos delirios en la aplicación de este tipo penal ha sido el procesamiento del humorista y locutor de radio Héctor de Miguel por un presunto delito de odio debido a sus comentarios irónicos sobre «dinamitar el Valle de los Caídos», un monumento franquista, y sobre los abusos sexuales cometidos por sacerdotes.[10] El juez consideró que sus palabras podrían incitar a la violencia. En este proceso, que nace de una querella presentada por la fundación ultracatólica Abogados Cristianos, el magistrado señaló que «no puede entenderse que estas expresiones queden amparadas» por la creación artística o la libertad de expresión y sostiene que sus palabras pueden fomentar sentimientos de odio o rechazo hacia un grupo de personas en función de su religión o creencias. A raíz de esta denuncia surgió una campaña de apoyo al humorista en la que diferentes personas manifestaban su apoyo. Fue el caso de la escritora Esther López quien puso el siguiente tuit: «Que lo dijo en broma, pero yo lo digo en serio: hay que dinamitar la Cruz del Valle de Cuelgamuros»; por el que ha sido también denunciada[11], esta vez por HazteOír. En la denuncia alegan que estas declara-

---

[8] Redacción El Salto, «Acusadas de incitación al odio por protestar ante el bus de Hazte Oír en Valencia», *El Salto Diario*, 6 de mayo de 2019.

[9] Javier Ramajo, «La Policía atribuye delitos de "odio ideológico" a ocho jóvenes de Sevilla que en 2017 no dejaron circular al autobús tránsfobo de HazteOir», *elDiario.es*, 2 de octubre de 2020.

[10] Redacción de Público, «La justicia procesa al humorista Héctor de Miguel por bromear con "dinamitar" el Valle de los Caídos», *Público*, 19 de febrero de 2025.

[11] Redacción de Público, «Hazte Oír denuncia a la exdiputada valenciana Esther López Barceló por querer dinamitar la cruz de Cuelgamuros», *Público*, 11 de marzo de 2025.

ciones son de especial gravedad por «los cientos de cristianos que han sido asesinados en Siria por ser cristianos, por lo que la defensa de la Cruz tiene ahora una relevancia todavía mayor». [12]

Delito de odio contra el PSOE

En esta escalada de utilización del delito de odio con fines partidistas, el propio PSOE denunció ante la Fiscalía General del Estado los actos frente a su sede de Ferraz, en los que durante una concentración se apaleó y quemó un monigote que representaba al presidente del Gobierno, Pedro Sánchez, con la intención de que se investigara si estos hechos constituían un delito de odio por ideología política. Para justificar la aplicación de este delito, el PSOE argumentó que el partido fue perseguido durante la dictadura franquista y la Guerra Civil. La denuncia no fue admitida, y la jueza consideró que «no constituyen incitación al odio ni al presidente del Gobierno» ni al PSOE y que «por tanto no deben ser perseguidas» por la Justicia.

En su auto, la magistrada señaló que «quizás no esté bien visto desde un punto de vista cívico, y el lenguaje sea vulgar y soez, y evidentemente, podrían ser censurables desde esta perspectiva, pero la falta de educación no es delito. Puede ser desagradable para el aludido o sus partidarios, pero no es delito». Añadió además que considerar estos hechos como un delito de odio sería «perjudicial para el pluralismo, la tolerancia y el espíritu que sustenta una sociedad democrática, como la nuestra».[13] Declaraciones que nos habría gustado oír también en muchos otros casos.

Aunque estas manifestaciones estaban promovidas y organizadas por la extrema derecha, habría que debatir el enorme peligro que supondría que se hubiese tramitado esta denuncia y acabado en condena. El riesgo para el derecho a la manifestación y a la crítica al Estado sería grave si se acepta que hechos como estos puedan ser penalizados. Imaginemos un escenario en el que odiar al Estado, al gobierno o a sus instituciones pudiera ser considerado delito y el paralelismo que se podría trazar y aplicar contra colectivos de izquierdas. Un escenario donde la discrepancia ideológica se convierte en delito de odio, y el partido en el poder es tratado como un colectivo merecedor

---

[12] En marzo de 2025, se produjo otro caso tras la manifestación feminista de Oviedo. La Hermandad de los Estudiantes de Oviedo interpuso una denuncia ante la Fiscalía por un delito de odio contra las personas que «organizaron o promovieron» la simulación de un paso procesional de Semana Santa con una imagen de la Virgen de Covadonga «queer». A esta denuncia se ha sumado Abogados Cristianos, quien ha dicho que también acudirá a los tribunales por utilizar la imagen de la «santina» en contra de «los sentimientos religiosos».

[13] Redacción de Público, «La jueza archiva la causa sobre el muñeco de Sánchez apaleado en Ferraz: "La falta de educación no es delito"», *Público*, 16 de febrero de 2024.

de protección, una protección que, una vez más, estaba pensada para sectores vulnerables.

Aplicación contra las protestas por el genocidio en Gaza

Desde que empezó el genocidio en Gaza, hemos visto cómo esta legislación volvía a ser utilizada como método represivo. Y en este caso, no solo por parte de partidos de extrema derecha, sino también por la Fiscalía, la Brigada de Información y asociaciones como el Movimiento Contra la Intolerancia. Incluso se ha intentado rescatar el delito de enaltecimiento del terrorismo, como hizo Vox al denunciar a dos representantes del movimiento de apoyo a Palestina por unas declaraciones realizadas en un acto en el Congreso de los Diputados, lo que llevó a que tuvieran que declarar ante la Audiencia Nacional.[14] Finalmente la denuncia fue archivada al no apreciarse la existencia de delito.

En junio del año pasado, la Brigada de Información detuvo a un miembro de Indar Gorri acusado de un delito de odio contra el jugador israelí Shon Weissman, a raíz de unas publicaciones desde la cuenta de twitter de la organización en las que respondían a declaraciones del jugador del tipo: «Aplastar. Apretar. Aplastar. A la venganza de Dios», «¿Qué razón lógica hay para que no se hayan lanzado ya 200 toneladas de bombas sobre Gaza?» o «Toda Gaza apoya el terrorismo. Toda Gaza está muerta».[15] La publicación del grupo por la que se produjo esta detención era un cartel en el que se leía: «Fuera Shon Weissman, destruyamos el sionismo-fascismo». Esta investigación fue llevada a cabo por la Brigada de Información sin que existiera una denuncia previa y, lo que resulta aún más escandaloso, sin que el propio futbolista quisiera denunciar los hechos. Aun así, se realizó un rastreo de IPs para identificar a la persona que gestionaba las redes del grupo. Finalmente, la denuncia fue archivada al no poder acreditarse que la persona detenida fuera la autora del tuit. Pese a ello, tuvo que pasar por una detención y parte de un proceso judicial.[16]

También el Tribunal Supremo inadmitió a trámite una querella de la organización proisraelí Acción y Comunicación sobre Oriente Medio (ACOM) a la diputada Ione Belarra por unas declaraciones que formuló contra «las políticas del apartheid» de Israel contra Palestina donde afirmó que se estaba llevando a cabo «un genocidio planificado». Declaró el tribunal que «las críticas a la acción militar objeto de la denuncia no

---

[14] Óscar F. Civieta, «Dos activistas propalestinas declaran en la Audiencia por enaltecimiento del terrorismo: "La víctima soy yo"», *La Marea*, 29 de octubre de 2024.

[15] Redacción de EITB, «Detienen a un miembro de Indar Gorri, acusado de un delito de odio contra el jugador israelí Shon Weissman», *EITB*, 3 de junio de 2024.

[16] Este grupo ya había sido objeto de una redada policial anterior, en la que se detuvo a 61 de sus miembros por unos hechos ocurridos en 2023, por los que se les acusaba de un delito de odio tras una pelea con otra hinchada en Sevilla.

pueden ser calificadas de antisemitas o como de discursos de odio simplemente porque tenga como destinatario el Estado de Israel».[17]

En junio del año pasado, el periodista y activista por los derechos humanos Youssef M. Ouled fue llamado a declarar a dependencias de la Brigada de Información de la Policía Nacional, tras una denuncia presentada por el presidente de Movimiento contra la Intolerancia por un supuesto delito contra los derechos fundamentales y las libertades públicas. El denunciante sostiene que unas publicaciones en redes sociales de Youssef tienen «connotaciones antisemitas» y que fueron realizadas «en un contexto de radicalización de España de carácter antisemita», afirmando además que estas publicaciones «pudieran causar una incitación (directa o indirecta) en personas radicalizadas, a la consumación de actos violentos contra el denunciante u otras personas del Movimiento contra la Intolerancia».

En este procedimiento, que aún se encuentra en fase de instrucción, está por ver cómo se justifica la aplicación del delito de odio nuevamente sobre una persona que no pertenece a ninguno de los colectivos señalados por esta figura legal, y por unas publicaciones en apoyo a la causa palestina que se pretende presentar como antisemitismo. La referencia a un supuesto contexto de radicalización y antisemitismo no es más que una excusa para intentar reprimir el movimiento de oposición a las políticas de Israel y al reciente genocidio que se está llevando a cabo en Gaza. Para ello, se recurre a la idea de un «contexto de guerra» que se traslada artificialmente al Estado español, donde se están celebrando manifestaciones y acciones de apoyo a Palestina, para sostener que existe un aumento de ataques antisemitas. Se intenta así aplicar la acusación de antisemitismo a toda crítica contra Israel y el sionismo, enmarcándola como delito de odio.

En las estadísticas que presenta cada año el Ministerio de Interior en el plan de seguimiento de los delitos de odio, se habla de un incremento de un 77 % de los delitos de antisemitismo en 2023.[18] Si dejamos de lado los porcentajes y vamos al número de estas denuncias, a falta de conocer las cifras de 2024 aún no presentadas, vemos que en 2021 fueron once, en 2022 doce y en 2023 se presentaron veintitrés denuncias. Con este aumento entre 2022 y 2023, de doce a veintitrés denuncias —once más—, se obtiene el incremento del 77 % con el que se intenta justificar lo que se ha denominado «ola de antisemitismo». Pero estas cifras hacen referencia únicamente a denuncias o detenciones realizadas por la policía, sin seguimiento ni información

---

[17] Consejo General del Poder Judicial, «El Tribunal Supremo archiva las denuncias contra Ione Belarra por delito de odio por sus declaraciones sobre Israel al estar amparadas en la libertad de expresión», *Poder Judicial*, 20 de mayo de 2024.

18 Ministerio del Interior, *Informe sobre la evolución de los delitos de odio en España 2023*, Madrid, Secretaría de Estado de Seguridad, 2024.

sobre si terminan archivadas o en absoluciones. Esto es habitual en los datos estadísticos que ofrece el gobierno, ya que provienen de fuentes policiales y no de resoluciones judiciales. Además, estas fuentes no son públicas ni pueden consultarse, y se utilizan para justificar el aumento represivo en un contexto de movilizaciones y solidaridad con el pueblo palestino. En esas cifras se incluyen, entre otras, detenciones o imputaciones como las ya mencionadas.

Esto podría suponer un intento de adaptar la legislación española a la de otros países europeos donde se prohíbe y persigue la crítica a Israel y a sus crímenes. También podría llevarnos a situaciones como las que se están dando en Alemania, donde muchas manifestaciones de apoyo a Palestina están perseguidas o directamente ilegalizadas, sin necesidad de aprobar nuevas leyes que repriman las protestas, sino mediante el uso del tipo penal de delito de odio.

Ya se dieron pasos en este sentido cuando en 2023 el gobierno aceptó la definición de antisemitismo propuesta por la Alianza Internacional para el Recuerdo del Holocausto (IHRA),[19] que señalaba que podía ser considerado como antisemitismo «denegar a los judíos su derecho a la autodeterminación, por ejemplo, alegando que la existencia de un Estado de Israel es un empeño racista» o «establecer comparaciones entre la política actual de Israel y la de los nazis».[20] Otro ejemplo más de cómo una legislación pensada para proteger a colectivos vulnerables acaba convirtiéndose en una herramienta para acallar y reprimir la crítica, en este caso al Estado de Israel y sus políticas colonialistas y genocidas contra Palestina.

En cuanto al aumento del resto de delitos de odio, el mayor número de casos corresponde al racismo y la xenofobia, que suponen el 41,84 % del total, con 856 denuncias en 2023. Sin embargo, no se habla de una «ola de racismo» ni de una «radicalización racista». De hecho, aún hay quienes niegan la existencia de racismo en la sociedad española. Tampoco se aborda el racismo institucional ni las legislaciones que lo refuerzan, a pesar de que muchos de estos delitos ni siquiera se denuncian debido a la situación de vulnerabilidad de las víctimas y la desconfianza en las instituciones, especialmente en la policía, lo que indica que la cifra real sería mucho mayor.

Otro problema en los procedimientos judiciales por delito de odio es su duración, ya que pueden alargarse durante años. En muchas ocasiones, aunque la denuncia y la tramitación inicial se hagan por este delito, la sentencia final no condena por él, pero el caso sí queda

---

[19] Alianza Internacional para el Recuerdo del Holocausto, «Definición del Antisemitismo de la Alianza Internacional para el Recuerdo del Holocausto», 26 de mayo de 2016.
[20] Miquel Ramos, «Cautivos del término "antisemita"», *La Marea*, 17 de noviembre de 2023.

registrado como tal en las estadísticas. De esta forma, no existe un seguimiento que permita conocer cómo se están resolviendo realmente
las aplicaciones del delito de odio.

Cuando todo es delito de odio

Vemos de nuevo cómo, para acogerse al tipo penal de los delitos de
odio, se intenta —al igual que en el caso de la denuncia del PSOE o la de
Esteban Ibarra— reclamar como colectivo vulnerable a instituciones y
colectivos de todo tipo, buscando algún contexto histórico o simbólico
que permita presentar una narrativa de agravio. El PSOE aludía a la represión sufrida durante la Guerra Civil; Esteban Ibarra recordaba que
Violeta Friedman, víctima del Holocausto, fue presidenta de honor de
su asociación hace décadas; y ahora HazteOír recurre a la persecución
de los cristianos en Siria. Aunque parezca una estrategia surrealista
presentar un monumento franquista como merecedor de protección
bajo esta legislación, equiparándolo al asesinato de cristianos en otro
país, lo que se consigue es retorcer la redacción hasta el punto de que
el concepto de colectivo vulnerable puede ser aplicado prácticamente
a cualquier caso.

Si bien muchas de estas denuncias acaban archivadas o no tienen
un recorrido judicial extenso, permiten generar una narrativa mediática que vuelve a poner en cuestión si hay odio, si debe ser perseguido y
cómo debe hacerlo la ley, ocupando titulares y espacios en telediarios.
Además, producen un efecto disciplinador sobre quienes pudieran
manifestar opiniones similares, generando un efecto de autocensura.

Hay que tener en cuenta la gran financiación y capacidad económica de estos grupos para sostener campañas judiciales, lo que les
permite denunciar sistemáticamente cualquier hecho que consideren
útil mediáticamente o que pueda generar un efecto ejemplarizante.
Una situación muy distinta a la de las posibles víctimas reales de delitos de odio, pertenecientes a colectivos vulnerables, que muchas veces
no cuentan con los medios, el acceso o la confianza en el sistema como
para denunciar.

Conclusiones

1. El objetivo de los delitos de odio

Las diferentes interpretaciones por parte de los tribunales difuminan
la línea entre delito de odio y ataque a la libertad de expresión, una
línea que depende cada vez más del juez. La literalidad de la ley no
es evidente, y la jurisprudencia, además de escasa, tampoco establece de forma explícita si estos delitos deben aplicarse únicamente a

colectivos vulnerables o si pueden extenderse a cualquier persona, incluso si pertenece a un grupo mayoritario o no vulnerable, como es el caso de los nazis. Esta ambigüedad permite que tanto desde el Estado —a través de la Fiscalía o la policía— como desde organizaciones de extrema derecha o fundamentalistas se recurra a este tipo penal.

El debate que habría que tener aquí sería en torno a la eficacia de estas leyes a la hora de frenar los actos discriminatorios y la creencia de que penas más altas aminoran los delitos. Observamos que la cantidad de denuncias se incrementan pero esto no se traduce en una disminución de los delitos ni en una sensación de seguridad mayor por parte de sus víctimas.

Aunque estos delitos fueron creados con la intención de frenar la expresión del odio, ya fuera en forma de violencia física o verbal, este objetivo no se ha cumplido. Antes al contrario, los discursos discriminatorios no han dejado de aumentar y cuentan cada vez con más altavoces: redes sociales, medios de comunicación y partidos políticos. Además, muchos procedimientos judiciales terminan dando aún más difusión a los mensajes de odio, cuando la persona denunciada se presenta como víctima de un gobierno totalitario que persigue la «verdad» o la «libertad de expresión». Esto se ha visto en numerosos casos de personalidades de extrema derecha o youtubers, donde el resultado ha sido amplificar su discurso, hacerlos más conocidos y aumentar su audiencia. Si el procedimiento se archiva o termina en absolución, esas decisiones se utilizan como legitimación del mensaje, reforzando la narrativa de que se trata de opiniones protegidas por la libertad de expresión, lo que lleva a su repetición por parte de simpatizantes.

Parece evidente el uso interesado que se está haciendo de este tipo penal y su papel en la construcción de un relato de criminalidad que no se ajusta a la realidad, pero que responde a intereses políticos concretos y contribuye a generar un clima de miedo. Se individualizan los delitos como hechos puntuales, desvinculándolos de una estructura racista y capitalista que impregna a la sociedad y a las personas, y se prioriza la persecución penal por encima de las políticas públicas que podrían combatir tanto la discriminación estructural como la violencia que sufren las personas que pertenecen a estos colectivos vulnerables.

Lo que impacta directamente en la vida cotidiana de las personas migrantes y racializadas no son solo los discursos de odio, sino sobre todo las políticas racistas del propio Estado, que las empujan a una situación de vulnerabilidad permanente: explotación laboral, imposibilidad de acceso a la vivienda o a la sanidad, persecuciones policiales o identificaciones por perfil racial. Dejar en manos del Estado la protección de estas personas —cuando es quien ha creado y mantiene las leyes que las discriminan— resulta contradictorio. Al centrar el foco únicamente en los discursos, se señala a individuos concretos que los utilizan mientras se deja intacta la estructura que los produce y reproduce, alejándonos de cualquier posibilidad real de erradicar el racismo.

Todo esto se traduce también en las barreras que enfrentan estas personas para acceder a la justicia: falta de recursos, desconocimiento o desconfianza hacia unas instituciones —especialmente la policía— que muchas veces están en el origen de su sufrimiento. En muchos casos, se trata de personas en situación administrativa irregular que temen acudir a una comisaría o a un juzgado por las posibles consecuencias legales. O de personas que ya han vivido experiencias traumáticas con los cuerpos policiales, lo que refuerza su desprotección y silencio.

En este país residen más de 500.000 personas sin papeles,[21] con la consiguiente negación de derechos básicos, a lo que se añade que 10.457 personas murieron en 2024 intentando alcanzar sus costas.[22] Que el escándalo estalle cuando en un partido de fútbol se insulta a un jugador por su color de piel es, como mínimo, sintomático de cómo se está afrontando y visibilizando el racismo y de cómo se están enfocando las medidas para combatirlo. Que se hayan tomado más medidas contra quienes gritaron insultos racistas en un estadio que contra los responsables políticos de la muerte de 37 personas al cruzar la valla de Melilla en 2022, tras la intervención conjunta de la policía marroquí y española,[23] deja claro el marco que se quiere imponer: un enfoque del racismo reducido a acciones individuales, mientras se ignora —e incluso legitima— el racismo estructural promovido desde las propias instituciones.

2. Las consecuencias para la militancia de izquierda

La evolución de los delitos de odio es un buen ejemplo de cómo las políticas punitivas terminan volviéndose contra cualquier forma de disidencia, ofreciendo más herramientas represivas al Estado y enredando el debate público en una falsa dicotomía: o hay una respuesta penal, o no hay alternativa posible. El planteamiento que se ofrece es que los problemas estructurales, como el racismo, solo pueden abordarse mediante el endurecimiento de las leyes, desviando la atención del origen real del conflicto y de la estructura racista que lo sostiene, que es el propio Estado.

---

[21] Cifras estimadas por la Red Esenciales, promotora de la iniciativa legislativa popular (ILP) para la regularización extraordinaria de inmigrantes.

[22] Caminando Fronteras, *Monitoreo del Derecho a la Vida - Año 2024*, Madrid, Caminando Fronteras, 2024.

[23] Se cree que las víctimas podrían ascender a más de cien, ya que hay 76 personas desaparecidas.

Esto refuerza la idea de que la única solución viable es castigar más, vigilar más, restringir más. En lugar de atacar las raíces del problema, se señala al individuo aislado como responsable absoluto, generando un marco en el que cualquier crítica al sistema se interpreta como una amenaza. Al mismo tiempo, los medios de comunicación contribuyen a este clima construyendo un relato constante de inseguridad y violencia que no se corresponde con la realidad, alimentando el miedo social y justificando la expansión del aparato punitivo. Se normaliza así la demanda de penas más altas, más vigilancia, más control, así como un recorte progresivo de la libertad de expresión. Y todo ello en nombre de la seguridad, cuando en realidad lo que se refuerza es un modelo de sociedad más autoritario, más desigual y menos libre.

A pesar de tener unas tasas de criminalidad bajas en comparación con el resto de países de Europa —el cuarto país con menor número de homicidios— y de que los llamados crímenes convencionales (robos, hurtos y agresiones) han descendido de forma constante durante la última década —con el único aumento significativo en el ámbito del cibercrimen y los delitos en línea—, España cuenta con uno de los códigos penales más duros y restrictivos del continente. Las penas son más largas que la media europea y las personas presas pasan más del doble de tiempo en prisión que en otros países del entorno.

Aun así, se sigue alimentando el relato de que «delinquir sale gratis» y que las leyes son excesivamente laxas. Se olvida lo que implica enfrentarse a un procedimiento penal o ser encarcelado, y se banaliza la experiencia carcelaria con discursos que comparan las prisiones con hoteles o campamentos. Se ignora que la cárcel destruye a las personas, especialmente a las más vulnerables, y cómo, lejos de reinsertar, perpetúa la exclusión. El objetivo de la reinserción social, que debería guiar el sistema penitenciario, se diluye en un enfoque puramente punitivo y vengativo.

Este marco se asume incluso desde sectores de la izquierda, que en ocasiones ceden a la lógica punitivista por dificultad para salirse del marco mediático: plantear respuestas estructurales o construir otras alternativas que nos protejan al margen de las estructuras estatales. Así, se acaba reforzando un modelo autoritario que forma parte de la batalla cultural impulsada por sectores reaccionarios, cuyo objetivo es ampliar la capacidad represiva del Estado. En muchas ocasiones, el debate público se da en los términos que impone la extrema derecha, aceptando sus marcos, sin cuestionar el fondo del problema ni construir alternativas reales de justicia y seguridad o protección fuera del castigo estatal.

Cada vez que surge un caso mediático relacionado con un hecho discriminatorio, saltan voces pidiendo más penas o condenas, centrando el debate exclusivamente en la vía punitiva. Las olas punitivistas cuentan con una gran cobertura mediática que alimenta la idea de un presunto aumento imparable de la criminalidad, extendiendo un clima de miedo en la población que termina por legitimar y apoyar las medidas represivas. Se ha instalado la creencia de que conflictos profundamente estructurales pueden resolverse con más castigo: endurecimiento de penas, creación de nuevos tipos penales, expansión del derecho penal; cuando está demostrado que la dureza de las penas no previene la comisión de delitos, como se ha visto, entre otros casos, con la pena de muerte en los países en los que se aplica. Y sin embargo, se insiste en ese enfoque simplista que, en lugar de transformar las causas de la violencia o la discriminación, las oculta tras una respuesta rápida, individualizada y autoritaria.

La promoción de políticas punitivas implica aumentos penales y también el riesgo de que quienes lo aplican lo hagan de forma abusiva y con el propósito de reprimir la disidencia. Se está construyendo una forma de imponer nuevos métodos represivos bajo el disfraz de estar combatiendo un problema con amplio consenso social, pero con poco conocimiento sobre su aplicación real. Es la misma lógica que se observó con el delito de terrorismo o pertenencia a organización terrorista, que jamás se ha imputado a grupos de extrema derecha, incluso cuando se tenía constancia de sus objetivos y se han encontrado arsenales vinculados a los mismos,[24] mientras que, por el contrario, estos delitos se han aplicado a personas o grupos de izquierdas, como en el caso en que un caldo de col encontrado en un registro a una vivienda sirvió de excusa para aplicar este tipo penal.[25]

El delito de odio está teniendo consecuencias graves para los movimientos sociales, donde el hecho mismo de ser arrastrado a un procedimiento judicial ya funciona como castigo. Supone la movilización de recursos importantes por parte de los colectivos: campañas solidarias, recogida de fondos para costear la defensa legal, acompañamiento a las personas acusadas... Todo ello genera un desgaste, una presión constante y desvía la energía que se debería estar dedicando a otras tareas organizativas o políticas. De hecho, el proceso judicial se convierte en una forma de paralizar, dispersar y debilitar los movimientos, sin necesidad siquiera de llegar a una condena.

Como se ha visto, cualquier manifestación o acción política contra grupos de extrema derecha puede acabar en juicios por delito de odio. Una simple concentración de repulsa contra un acto fascista es, en muchas ocasiones, considerada como delito de odio, criminalizando así la protesta y desnaturalizando completamente el sentido original

---

[24] García, Ter, «El terrorismo de extrema derecha sigue sin existir para la justicia española a pesar de las advertencias internacionales», *El Salto Diario*, 20 de enero de 2021.
[25] Pozas, Alberto, «Straight Edge, el "grupo terrorista" que quedó en nada: fin al proceso que encarceló 16 meses a un activista vegano», *elDiario.es*, 22 de agosto de 2018

de esta figura legal.[26] Una vez más se persigue a quienes se manifiestan contra los discursos de odio en lugar de a quienes los reproducen. Esta lógica busca generar una sensación de miedo y desmovilización, en la que una movilización de oposición a ideologías fascistas puede terminar con imputaciones por delito de odio contra quienes se manifiestan. Este enfoque permite detener activistas en sus casas, acompañando las detenciones de campañas mediáticas que construye artificialmente un relato de radicalidad y violencia, mientras los fascistas se presentan como víctimas a las que no se les permite expresarse.

3. Las herramientas del amo no destruyen la casa del amo

Al centrar el debate en el terreno legal únicamente desde la lógica punitiva —ya sea mediante la creación de nuevos delitos o el aumento de penas— se dejan de lado las demandas sociales que exigen legislaciones orientadas a ampliar derechos o a la derogación de leyes que vulneran libertades fundamentales. Ejemplos claros son la reforma de la Ley conocida como Ley mordaza o la propia Ley de extranjería. Derogar estas normativas, que limitan el derecho a la protesta o niegan derechos esenciales en función del lugar de nacimiento, constituye una herramienta mucho más eficaz para combatir el racismo y la discriminación que legislar delitos como el de odio, cuya aplicación está siendo utilizada precisamente para perseguir a quienes denuncian estas injusticias.

Además de suponer una legitimación total de las estructuras judiciales y policiales, este enfoque refuerza la idea de que solo el Estado —a través de sus aparatos represivos— puede dar respuesta a los conflictos sociales, en lugar de promover la organización y la concienciación colectiva para hacerles frente. Medidas como la abolición de los CIE o el fin de los registros y de las identificaciones por perfil racial —prácticas impulsadas y sostenidas por el propio Estado— serían acciones mucho más eficaces para combatir el racismo y defender los derechos de las personas migrantes. Estas conductas institucionales suponen una forma de represión estructural y racista mucho más grave que aquella que supuestamente pretende combatir el delito de odio, y sin embargo siguen siendo normalizadas y legitimadas bajo el discurso de la seguridad y el control.

En un momento político como el actual, dotar al Estado de más herramientas represivas y, además, otorgarle legitimidad social para usarlas, resulta profundamente peligroso. Es urgente pensar y construir alternativas que no pasen exclusivamente por la vía institucional, así como desarrollar formas de protección colectiva frente a la

---

[26] Este ha sido el caso de las recientes detenciones a estudiantes por participar en una protesta en la Universidad de Somosaguas contra una charla del exlíder de Vox, Espinosa de los Monteros.

represión estatal. Esto parece especialmente alarmante cuando incluso desde espacios de izquierdas se plantea reducir garantías procesales, como eliminar atenuantes penales o restringir aún más la libertad de expresión mediante la fiscalización de redes sociales.

El impulso de reformas legales o de nuevos tipos penales sin considerar cómo pueden ser utilizados por el Estado o instrumentalizados por la extrema derecha, y sin prever cómo serán aplicados por policías, fiscales o jueces, es un ejercicio de ingenuidad política y un riesgo real para los movimientos sociales y cualquier forma de disidencia. La historia reciente demuestra que estas herramientas no permanecen en manos de quienes las crean, por buena que fuera su intención. Estas herramientas acaban volviéndose contra quienes luchan precisamente por transformar el sistema.

Otro debate que resulta necesario abrir es si el problema del delito de odio radica en su mala aplicación o en su creación en sí. Se trata de cuestionar si un tipo penal resulta ineficaz por cómo se está utilizando —de forma interesada, arbitraria o selectiva—, o si su limitación está en el hecho de haber optado por la vía punitiva; por lo tanto, si debería derogarse, modificarse o establecerse un marco de aplicación completamente distinto.

A la hora de abordar este debate de una manera honesta habría que escuchar, por un lado, a las personas pertenecientes a estos colectivos vulnerables que han podido acogerse a la protección de este tipo penal y su experiencia y, por otro, a los antifascistas, las feministas, las activistas y militantes que han sido perseguidas y criminalizadas a través de este mismo delito, y que han sufrido su instrumentalización como herramienta de represión. Solo así se puede discutir con rigor si este tipo penal aporta protección o, por el contrario, si constituye una trampa que fortalece la maquinaria punitiva del Estado.

En lugar de centrar nuestros recursos y esfuerzos en endurecer estos delitos, convendría apoyar y dar cobertura a todas las personas perseguidas judicialmente bajo esta figura penal por su militancia de izquierdas. En definitiva, reforzar las estructuras antirrepresivas frente a los tiempos que vienen, construir redes de apoyo mutuo y defensa colectiva, y enfocar nuestras energías en derogar leyes que recortan derechos básicos —como la Ley mordaza o la Ley de extranjería— pueden ser una estrategia mucho más efectiva y coherente.

Al mismo tiempo, es necesario fomentar la educación política, la conciencia crítica y la organización social como herramientas para frenar los discursos de odio, en lugar de delegar esa tarea en un sistema judicial que, en muchos casos, forma parte del problema. Aquí se plantea una vez más la gran disyuntiva de si la vía judicial es ya un camino perdido o si aún queda margen para emplearla tácticamente mientras construimos otras formas de resistencia y protección. En este sentido, se trata de aprovechar lo que pueda ser aprovechable, sin depositar toda nuestra confianza en un aparato legal que, con frecuencia, se vuelve contra quienes luchan, y sin dejar de trabajar en las alternativas que nos permitan sostenernos al margen de su lógica.

El goce de castigar.
Política afectiva, víctimas funcionales y Estado moral

Laura Macaya

> En lugar de preguntarnos si hay que encerrar a alguien o dejarlo libre, ¿por qué no pensamos por qué resolvemos los problemas repitiendo el tipo de comportamiento que nos trajo el problema en primer lugar?
>
> Ruth Wilson Gilmore[1]

La política del feminismo institucionalizado y mediático vive instalada en un estado de alarma emocional permanente. Cada nueva denuncia pública, cada condena mediática, cada campaña contra un agresor simbólico o real, produce una coreografía previsible de adhesiones automáticas, escándalos catárticos y exigencias de castigo que no dejan lugar para la duda, la complejidad o el conflicto. Todo se decide a golpe de un afecto sobreactuado, entre lágrimas digitales, gestos morales y aplausos por los buenos reflejos. En este escenario saturado de moral, donde el dolor se ha convertido en la única medida de lo político y el castigo en sinónimo de justicia, pensar alternativas que no pasen por reforzar la maquinaria punitiva se ha vuelto un gesto casi obsceno. Cualquier crítica a esta lógica es rápidamente desactivada con una pregunta trampa: «¿Y entonces qué propones?». Así se instala el reaccionarismo de la alternativa, esa forma sutil de blindaje del orden vigente que exige a toda crítica estar ya acompañada de una solución empaquetada, viable, evaluable

---

[1] Ruth Wilson Gilmore, *Geografía de la abolición*, Barcelona, Virus, 2024.

y, a poder ser, homologable con la ley. Pero ¿y si lo que urge no es sustituir una herramienta por otra, sino desactivar el marco entero que define lo que es justicia, lo que es violencia y lo que puede o no ser deseado?

Uno de los malentendidos más frecuentes en torno a las propuestas de abordaje de las violencias machistas desde perspectivas antipunitivistas es la idea de que estas no son suficientemente protectoras con las víctimas, les exigen ignorar su dolor o no atienden adecuadamente sus necesidades, parecen centrarse en ser más éticas con quienes les han causado daño. Este planteamiento no solo peca de desconocimiento respecto a las justicias transformativas, sino que además se basa en un sesgo binario que interpreta a víctima y agresor como categorías fijas y opuestas, con intereses y necesidades irreconciliables. Este reduccionismo plantea problemas importantes. Por un lado, invisibiliza los vínculos comunitarios y relacionales que pueden existir entre quienes han causado daño y quienes lo han sufrido, especialmente en contextos donde ambas figuras comparten redes de cuidado, crianza o pertenencia. Por otro, ignora que muchas personas afectadas por violencias no desean venganza, sino condiciones materiales, vinculares y simbólicas para vivir sin miedo. Más aún, este esquema se sostiene sobre un esencialismo burdo que concibe a víctimas y agresores como figuras necesariamente opuestas, definidas exclusivamente por el hecho violento que los vincula. Se omite que pueden compartir otras posiciones sociales —como la de trabajador explotado, migrante o persona neurodivergente— que desestabilizan el relato moral binario sobre el que se alzan las respuestas punitivas. Porque no hay épica posible si el agresor también hace cola en el comedor social o mendiga un informe médico para no ser expulsado del sistema. Por último —y lo más importante—, al perpetuar una lógica de exclusión y segregación, este enfoque empuja a las víctimas hacia itinerarios menos saludables y más inseguros: los sistemas de justicia burguesa y patriarcal, históricamente violentos con todas, pero letales con las más vulnerables.

Para entender la urgencia de un enfoque antipunitivista en el abordaje de las violencias machistas, es imprescindible visibilizar la ineficacia y los efectos devastadores de los dispositivos actuales. Mostrarlos no solo como inoperantes, sino como generadores de más daño que reparación, constituye una tarea fundamental que, sin embargo, suele ser barrida bajo la alfombra por una beligerancia disfrazada de pragmatismo: el *reaccionarismo de la alternativa*.

El reaccionarismo de la alternativa es una estrategia de legitimación del orden existente que invalida toda crítica que no venga acompañada de una solución lista para usar. En lugar de interrogar la raíz del problema, exige alternativas evaluables según parámetros que el propio sistema produce —eficacia, viabilidad, seguridad— impidiendo así que la crítica erosione sus fundamentos. Esta estrategia, además, refuerza la lógica del castigo exigiendo respuestas unívocas, inmediatas y funcionales, negando activamente la posibilidad de procesos experimentales, abiertos, contradictorios y colectivos que se alejen del binarismo solución-problema. Este dispositivo discursivo sirve para proteger intereses concretos. Funciona como una coartada del poder para evitar autocríticas que puedan cuestionar sus propias formas de hacer y de acumular legitimidad simbólica. Quien exige alternativas sin reconocer la necesidad de desmontar los marcos que hacen posible la violencia está menos interesado en cambiar las cosas que en conservar su lugar dentro de ellas.

A pesar de todo, las alternativas existen y son necesarias. En este artículo me propongo, en primer lugar, analizar cómo un enfoque punitivo de las violencias machistas no solo genera efectos contraproducentes para las propias víctimas, sino que además perpetúa las dinámicas de exclusión y segregación que, paradójicamente, busca combatir. Me detendré especialmente en un aspecto frecuentemente desatendido: la subjetivación que imponen los lenguajes del castigo y su impacto en las posibilidades de recuperación, agencia y politización de quienes han sufrido violencia. Este análisis permitirá mostrar cómo el orden punitivo se sostiene, en gran parte, gracias a este reaccionarismo de la alternativa que exige soluciones funcionales al tiempo que blinda las estructuras que producen el daño. Finalmente, señalaré algunas líneas de fuga: propuestas y formas de ruptura que abren paso a una política del deseo, de la potencia y de la transformación radical que no se subordine a la lógica de la penalidad neoliberal. Porque no todo lo que arde es violencia, ni toda justicia cabe en un juzgado.

El punitivismo como violencia mítica: reproducción del poder patriarcal, blanco y burgués

Dentro de los circuitos y recursos profesionales de atención a mujeres, es más común de lo que parece hacer mención a ellas con el largo etcétera de mujeres con problemáticas de salud mental, mujeres en situación administrativa irregular, mujeres con consumo problemático de sustancias, mujeres funcionalmente diversas, mujeres que ejercen el trabajo sexual, mujeres que «no se dejan ayudar», chicas que no llegan a lo establecido legalmente como mayoría de edad, mujeres con referentes socioculturales que no encajan en los modelos de recuperación. Supuestos citados como si fuesen la excepción, cuando de excepción a

> la realidad de la violencia tienen poco, pero sí mucho de excepción al
> modelo de intervención diseñado.
>
> Pam Rodríguez[2]

La repercusión mediática de las sentencias judiciales sobre la violencia machista, especialmente en casos de violencia sexual, genera una multiplicidad de opiniones, narrativas y debates sobre el papel de los jueces y los organismos institucionales de justicia como reproductores de prejuicios y sesgos machistas. Este funcionamiento puede entenderse como parte de lo que Walter Benjamin denomina *violencia mítica*, aquella que preserva el poder y su legitimidad mediante la ley y su aplicación. Un ejemplo reciente es la absolución de Dani Alves por parte del Tribunal Superior de Justicia de Cataluña (TSJC), cuestionada porque, bajo un supuesto rigor probatorio, se desestima la credibilidad del testimonio de la víctima para justificar la revocación de la condena de cuatro años previamente impuesta por la Audiencia de Barcelona. Aunque la sentencia no valida explícitamente la versión de Alves, sostiene que las pruebas presentadas no resultan suficientes para dictar condena.

La polémica desatada por esta absolución reactiva debates que emergen con cada nuevo caso: la falta de una lectura estructural de la violencia, la instrumentalización del consentimiento como un elemento jurídico simplificado que ignora su carácter complejo y revocable, y la invisibilización de las relaciones de poder que median la posibilidad de decir que «sí» o que «no» en contextos de coerción. Todas estas cuestiones son fundamentales para reflexionar desde los feminismos sobre las violencias machistas.

Ahora bien, ¿pueden las instituciones jurídicas —y específicamente el derecho penal— abordar adecuadamente estas complejidades? ¿Debemos esperarlo o desearlo? Si consideramos que la violencia mítica preserva el poder burgués, blanco y patriarcal perpetuándose a través de los mecanismos del derecho, ¿hasta qué punto debemos pretender que este evalúe criterios como el deseo contradictorio, el consentimiento revocable o la estructuralidad de la violencia? ¿Hasta qué punto es deseable que intervengan en el espacio de lo íntimo, en el espacio de lo erótico?

No me interesa en absoluto polemizar sobre la oportunidad de la sentencia absolutoria, la aplicación de criterios de justicia, el sexismo o la reificación de la consabida falta de credibilidad a las víctimas o la posibilidad de «podría haberse hecho mejor». De lo que trataré de

---

[2] Pam Rodríguez, «Víctimas en disputa. Miscelánea para una aproximación a la violencia sexual», *Ambigua. Revista de Investigaciones sobre Género y Estudios Culturales*, núm. 7, 2020, pp. 75-95.

hablar aquí es de la necesidad de cuestionar la centralidad de la vía judicial penal para abordar la violencia machista.

Los tribunales son espacios esencialmente violentos y normativizadores de las conductas humanas porque su existencia misma se fundamenta en un modelo de orden social derivado de la modernidad occidental, que ha consolidado una racionalidad jurídica cuya función principal es la preservación de las relaciones de poder existentes. Como argumenta Walter Benjamin,[3] el derecho se instituye y se conserva a través de la violencia, en tanto que la ley no se limita a regular la violencia existente, sino que la produce activamente para garantizar su propia perpetuación. Este proceso de juridificación implica la imposición de un orden normativo que cristaliza los valores de la moral burguesa, articulando un aparato punitivo diseñado para disciplinar y regular la vida social bajo parámetros de inteligibilidad que aseguran la funcionalidad de las relaciones capitalistas, racistas y patriarcales.[4]

En este sentido, los tribunales, como dispositivos jurídicos, funcionan bajo la lógica de producir sujetos obedientes y categorías estancas sobre lo que se considera lícito e ilícito, perpetuando así criterios normativos que excluyen experiencias, afectos y relaciones que no se conforman a la matriz de inteligibilidad jurídica. Por ejemplo, en cuestiones relacionadas con la sexualidad, los tribunales establecen marcos restrictivos que patologizan o criminalizan prácticas que escapan a la moral heterosexual y patriarcal dominante.[5] Un ejemplo actual podemos encontrarlo en las redadas policiales en fiestas Chemsex que están siendo denunciadas por activistas maricas y queers en Madrid por servir para criminalizar y perseguir formas de disidencia sexual. Así, la violencia que emana de estas instituciones no reside únicamente en la mala aplicación o interpretación de la ley, sino en la propia estructura que sostiene su existencia y su pretensión de universalidad. Esta imposición jurídica, como sugiere Jacques Derrida,[6] no se limita a administrar justicia, sino que actúa como un acto performativo que constantemente reconfigura los límites de lo aceptable y lo punible, produciendo sujetos que responden a los intereses de un orden político específico.

Tomo el concepto de *violencia mítica* de Walter Benjamin para referirme a aquella violencia ejercida por el derecho del Estado que busca fundar o preservar un orden jurídico y político determinado. Esta violencia, que articula formas materiales de sometimiento

---

[3] Walter Benjamin, *Crítica de la violencia*, Madrid, Biblioteca Nueva, 2020.

[4] Silvia Federici, *Calibán y la bruja*, Traficantes de sueños, Madrid, 2010.

[5] Gayle Rubin, «Pensando el sexo. Notas para una teoría radical de la sexualidad» en Carole Vance (ed.), *Placer y peligro. Explorando la sexualidad femenina*, Madrid, Talasa, 1989.

[6] Jacques Derrida, *Fuerza de ley*, Madrid, Teknos, 2008.

—como la desigualdad, la exclusión o la precarización— con la producción de subjetividades funcionales al orden —como la víctima, el delincuente o el ciudadano obediente—, cumple un rol central en la legitimación de políticas de gestión social y reproducción del poder.

En su dimensión material, esto se manifiesta en la legitimación de políticas que administran a las poblaciones pobres, racializadas y disidentes, distribuyéndolas en circuitos que perpetúan su exclusión o subordinación. Dichas poblaciones se enfrentan a tres opciones limitadas y coercitivas: someterse al régimen salarial en condiciones de hiperexplotación; acogerse al sistema de protección social, cuya eugenesia implícita condiciona la ayuda al cumplimiento del rol de «pobre dócil»; o enfrentar la persecución y criminalización impuesta por el aparato coercitivo del Estado, a lo que denomino *control represivo*.

Estos tres mecanismos —la explotación laboral, el disciplinamiento mediante ayudas condicionadas y el control represivo ejercido por el aparato estatal— se interrelacionan en la economía política del capitalismo neoliberal, evidenciando cómo la *violencia mítica* articula tanto la producción de sujetos dóciles como la criminalización de quienes se desvían de las normas establecidas. La maximización de los beneficios empresariales, los mecanismos estatales de disciplinamiento y la represión directa forman parte de un mismo engranaje que asegura la reproducción de un orden económico, racial y patriarcal.

Por su parte, y a pesar de su absoluta centralidad, la dimensión subjetiva y cultural de la punición ha sido frecuentemente ignorada. Esta omisión ha llevado, incluso en nombre del antipunitivismo, a desarrollar estrategias que, aunque parcialmente transformadoras, terminan convirtiéndose en una trampa para las tan necesarias alternativas a los abordajes actuales de la violencia machista.

Cuando intentamos activar mecanismos de justicia transformativa o estrategias antipunitivas dentro de nuestras comunidades, colectivos u organizaciones sin intervenir sobre las subjetividades que produce la dominación, nos enfrentamos a un obstáculo recurrente que a menudo conduce al fracaso. Un fracaso que, además, suele resultar desmotivador y desactivador frente al cambio, empujándonos a abandonar el intento y a perpetuar los mismos esquemas que buscamos transformar.

Lo que a menudo pasamos por alto es que, si quienes participamos en un proceso restaurativo o transformativo —ya sea como partes involucradas o como acompañantes— no cuestionamos ni replanteamos las estructuras emocionales, subjetivas y relacionales que la punición ha moldeado en nosotras, difícilmente lograremos llevar a cabo una práctica concreta capaz de sostener el cambio que buscamos.

En adelante, me centraré en esta dimensión para mostrar cómo las instituciones punitivas producen sentidos colectivos en torno a la violencia que condicionan las respuestas que articulamos frente a ella, las formas de subjetivar y entender su superación, y las posibilidades —o su ausencia— de convertir el daño en potencia política transformadora.

El régimen afectivo del castigo: víctimas de Estado

> En nuestro abordaje nos interesa pensar dicha razón punitiva no solo desde el proceder macropolítico de los poderes públicos que nos agreden y nos devastan, sino como todo un sistema cultural que se expresa e internaliza en los sujetos clausurando por la fuerza la capacidad de imaginar otra relación con el mundo.
>
> Cuello y Disalvo[7]

Lo que hemos denominado *violencia mítica* no se limita a la coerción física o institucional ejercida por el Estado, también se reproduce a través de discursos sociales y culturales que regulan la feminidad y la victimización. Cuando señalamos las tendencias punitivas presentes en ciertas estrategias feministas, en ocasiones nos referimos a la reproducción de una cultura de la eliminación del otro a través de las estrategias indiscriminadas del escrache y la cancelación. También nos referimos a la fuerte beligerancia con la que una parte del feminismo enfrenta las críticas y las disidencias internas de quienes señalan la inconsistencia o la falta de acuerdo ante determinados dogmas del feminismo oficial o incluso hacia quienes se les atribuye determinadas características simplemente por su condición identitaria. Pero en muchas ocasiones, y en este artículo nos centraremos en ello, nos referimos específicamente a la reproducción de relatos homogéneos sobre la violencia sexual que replican los valores de una feminidad hegemónica, imponiendo identidades fijas y legitimadas exclusivamente a través del sufrimiento y la vulnerabilidad.

En algunos de los actuales debates feministas en torno a la pertinencia del antipunitivismo —más allá de lecturas tergiversadas y malintencionadas que atribuyen oscuros propósitos a quienes lo defendemos— la discusión de fondo no se centra tanto en la idoneidad del sistema penal para la emancipación y la justicia. Muchas feministas coincidimos en que dicho sistema no cumple esa función. La cuestión central es cómo se conceptualizan los sujetos protagonistas de la

---

[7] Nicolas Cuello y Lucas Disalvo, «Imágenes de la cultura de la cancelación» en Marta Lamas y Mariana Palumbo (coords.), *Deseo y conflicto. Política sexual, prácticas violentas y victimización*, Ciudad de México, Fondo de Cultura Económica, 2023.

violencia, qué atribuciones se les otorgan, cómo se define y cartografía la violencia, y qué formas de intervención se consideran posibles y deseables a partir de dichas concepciones. De la forma en que entendamos estas cuestiones dependerá que las propuestas políticas que formulemos se sitúen entre aquellas que sistematizan, consolidan o encubren relaciones opresivas existentes, o bien entre aquellas que las cuestionan y transforman.

«La penalidad se refiere a una realidad expansiva que abarca un entramado complejo de categorías, discursos, organizaciones y prácticas destinadas a producir, sostener y difundir el derecho penal como mecanismo principal para gestionar poblaciones y territorios considerados problemáticos. Sin embargo, su alcance excede con creces la mera respuesta técnica a la infracción legal por parte de agentes del Estado».[8] La penalidad despliega prácticas y mensajes que modelan nuestras comprensiones sobre la violencia, el sexo, la feminidad, la masculinidad y las formas de relacionarnos con todo ello y con los demás. Este proceso no se limita a la imposición de castigos formales, sino que configura un horizonte cultural, subjetivo y moral que influye profundamente en cómo identificamos y abordamos el daño, quiénes son consideradas víctimas legítimas y cómo se define la criminalidad.

Si, como decíamos al principio, una de las principales preocupaciones frente a las propuestas alternativas a la punición para abordar la violencia machista parece ser la protección y el interés superior de la víctima, conviene examinar cómo las formas actuales de abordaje realmente tratan a esas víctimas y qué tipo de subjetividades producen.

El siglo XXI parece haber hecho del victimismo el arma política de todos los grupos sociales.[9]

La actual configuración de la víctima en las sociedades neoliberales, al convertir la opresión en victimización —es decir, al confundir demandas personales de reconocimiento con las causas sistémicas de diversas formas de opresión—, está sirviendo para desdibujar los orígenes estructurales del daño y desenfocar las luchas colectivas. Estamos asistiendo a un desplazamiento: los lenguajes del dolor, el trauma, el enfado y el agravio ocupan la escena pública, mientras los lenguajes políticos de la organización colectiva —aquellos que apuntan a las causas de la injusticia y a la defensa de un nuevo modelo social, económico y afectivo— quedan relegados.

La víctima, convertida en el sujeto paradigmático de la punición neoliberal, no responde ante nada, no necesita justificar su enfado ni su

---

[8] Loïc Wacquant, *Castigar a los pobres. El gobierno neoliberal de la inseguridad social,* Barcelona, Gedisa, 2010.
[9] Lilie Chouliaraki, *The Ironic Spectator: Solidarity in the Age of Post-Humanitarianism,* Cambridge, Polity Press, 2013.

posible acción injusta hacia otras personas. Se trata de una identidad indiscutida y, por ello, en palabras de Giglioli es el sueño de cualquier poder. La víctima produce un efecto inmediato en el plano mediático a través de la identificación con su dolor, y al mismo tiempo funciona como un dispositivo performático que genera nuevas economías emotivas: nos enseña a sentir, esencializa los lenguajes del dolor y universaliza la afectación como forma de estar en el mundo.

Sin embargo, la figura de la víctima suele tener un escaso efecto transformador, ya que las movilizaciones que se articulan en torno a ella tienden a centrarse en la expresión de emociones extremas —enojo, enfado, indignación— generalmente dirigidas hacia un individuo al que se le atribuye la responsabilidad del sufrimiento. Esta extrema vulnerabilización y moralización de los sujetos representados tiene efectos devastadores: obstaculiza sus posibilidades de recuperación, de trascender el dolor y, por supuesto, de erigirse como sujetos políticos activos. En su lugar, son ofrecidos como objetos sacrificiales de un culto colectivo al servicio de las pasiones punitivas.

En este escenario, la víctima de violencia sexual se convierte en el sujeto más transitado y significativo, no solo porque la sexualidad despierta las pasiones punitivas más intensas, sino también porque responde a la necesidad de encauzar a las víctimas y por ende a todas las mujeres dentro de un relato coherente que no desborde las atribuciones clásicas de la feminidad. Un relato que reafirme su fragilidad, su inocencia y su necesidad de protección, cualidades funcionales a la economía política del capitalismo y a sus formas de gobierno de los cuerpos.

El problema de la víctima bondadosa, pura e irresponsable

La segunda observación que se plantea aquí del paradigma de la cultura de la violación es la repercusión sobre un imaginario colectivo que sirve de marco de socialización para muchas personas, y en especial, sobre el mensaje que recae sobre las mujeres. El proceso consciente de intimidación [...] se está materializando en lógicas de colectivización de la experiencia de la violencia, de aprendizaje de la cultura del terror y de la adecuación o la sanción de las víctimas de acuerdo a la normativización sexual. En este marco, el miedo a la agresión sexual, y no la agresión sexual en sí, ha ganado terreno en detrimento de la búsqueda de una mayor libertad sexual, que queda coartada precisamente por los aprendizajes de ese miedo.

Pam Rodríguez[10]

---

[10] Pam Rodríguez, «Víctimas en disputa...», pp. 75-95.

Las configuraciones contemporáneas de la víctima de violencia machista no pueden entenderse al margen de su relación histórica con las propuestas del feminismo radical que, especialmente desde los años setenta, denunciaron las raíces estructurales de la violencia sexual y patriarcal. Autoras como Shulamith Firestone y Kate Millett aportaron críticas poderosas que visibilizaban la imbricación de la violencia de género con la organización social, económica y sexual del poder. Al menos en sus orígenes, el adversario identificado por este feminismo radical no eran los hombres como grupo social, sino la estructura de poder patriarcal que asignaba roles diferenciados y jerarquizados.

A pesar de ello, el feminismo radical ya presentaba algunas cuestiones problemáticas. Al distinguir entre revolución y liberación femenina —y subrayar que una no implicaba necesariamente la otra—, este feminismo centró progresivamente su agenda en combatir injusticias concretas a través de la obtención de derechos específicos, abandonando la crítica estructural al sistema económico y social en su conjunto.[11] Este giro trajo consigo dos consecuencias fundamentales. Por un lado, supuso la asunción —al menos pragmática y provisional— del horizonte capitalista, con el objetivo de lograr mejoras en su propio seno. Por otro, implicó la apelación a la «experiencia femenina» como vía para combatir la negación patriarcal de la existencia de una alteridad constitutiva y de la voz de sus protagonistas. Además, el feminismo radical, al establecer la violencia masculina como piedra angular de la opresión de las mujeres y al enfatizar su dimensión simbólica, contribuyó a situar la violencia en el centro de la experiencia femenina, convirtiéndola en la medida de nuestra calidad de vida y en el prisma a través del cual leer cualquier relación con los hombres. Así, aunque la crítica radical ofreció análisis certeros sobre las relaciones de poder, abrió también un amplio espacio al identitarismo y al moralismo sexual, estableciendo el riesgo y la violencia como experiencias comunes y prioritarias de las mujeres, y situando la búsqueda de reconocimiento y emancipación en los marcos del capitalismo, a través de la lucha por derechos concretos.

La interpretación de muchas de estas cuestiones en clave neoliberal ha intensificado el carácter perverso de estas configuraciones, produciendo sujetos cada vez más plegados sobre sí mismos, centrados en sus necesidades / condiciones particulares y con escasa capacidad para articularse en forma de alianza con otros. La adopción acrítica de ciertos marcos del feminismo radical por parte del neoliberalismo punitivo ha vaciado su potencialidad emancipadora y la ha sustituido por un discurso moralizador que, en lugar de cuestionar el sistema en

---

[11] Axel Rivera Osorio, en Marta Lamas y Mariana Palumbo (coords.), *Deseo y conflicto. Política sexual, prácticas violentas y victimización*, Ciudad de México, Fondo de Cultura Económica, 2023.

su conjunto, se limita a gestionar la violencia mediante la penalidad y el control. Para ello, se recurre a una configuración de la sexualidad femenina que la presenta como intrínsecamente vulnerable, temerosa de la experimentación y del deseo del otro u otra, y constantemente alerta ante posibles ataques. La necesidad de sostener estos relatos de victimización sostenida y permanente ha instigado un uso cada vez más extensivo y difuso del concepto de violencia, expandiéndolo hasta abarcar prácticamente cualquier malestar femenino y generando un clima político donde todo es violencia menos aquello que la produce. Todo ello de una forma profundamente funcional a la creación de estos sujetos útiles a la punición y a su propio desempoderamiento.

La extensividad del concepto de violencia se sostiene sobre al menos tres pilares fundamentales: la centralidad de la violencia masculina en la experiencia de las mujeres, su ampliación simbólica y una lectura individualista de las violencias estructurales. En primer lugar, situar la violencia masculina como núcleo organizador de la vida de las mujeres ha conducido a una representación del sujeto femenino como esencialmente vulnerable y definido por el riesgo, contribuyendo a invisibilizar otras dimensiones de su vida política, afectiva y económica.[12] La existencia de las mujeres leída desde la herida configura sujetos necesitados de reparación constante pero escasamente enfocados a la transformación.

En segundo lugar, la dimensión simbólica de la violencia ha ampliado el perímetro del daño hasta el absurdo: desde una violación hasta un chiste machista, todo cabe bajo el mismo paraguas si alguna se sintió mal.[13] No importa el contexto, la intención o el poder relativo: importa el impacto emocional, que se vuelve la nueva medida de lo político.

Y, por último, lo que nació como denuncia de una violencia estructural —impersonal y sistémica— se ha vuelto una caza de brujas de micromachismos con nombre y apellido. La estructura, de pronto, tiene rostro: el de tu ex, tu jefe o tu amigo. Ahora bien, entender la violencia machista como una violencia estructural implica reconocerla no como un hecho aislado, sino como una lógica que atraviesa el funcionamiento ordinario de nuestra sociedad. Se manifiesta en las relaciones laborales, afectivas, institucionales y jurídicas, y se sostiene sobre mecanismos históricos, económicos y culturales que favorecen la dominación masculina y la vulnerabilización de las mujeres.

---

[12] Nancy Fraser, «Redefiniendo el concepto de justicia en un mundo globalizado», en *Anales de la Cátedra Francisco Suárez* (Ejemplar dedicado a «Derecho y justicia en una sociedad global» coord. por Manuel Escamilla Castillo, Modesto Saavedra López), núm. 39, 2005, pp. 69-87.

[13] Daniele Giglioli, *Crítica de la víctima*, Madrid, Herder, 2017; Chiara Bottici, *Anarcafeminismo*, Madrid, Ned ediciones, 2022.

Sin embargo, una lectura individualizante de este marco desplaza el peso de esa historia sobre cuerpos particulares. Como si el patriarcado pudiera saldarse a través de un castigo. Como si la rabia colectiva —legítima, pero desprovista de estrategia— encontrara reparación en la condena de un sujeto concreto, casi siempre un hombre, que encarna por un instante el acumulado histórico del daño. Es una muestra clara de impotencia política: como no se puede castigar a la historia, se elige a un sujeto disponible para cargar sobre ella. Y como las subjetividades neoliberales necesitan marcos de satisfacción inmediata —y han hecho del fracaso una forma de virtud— tampoco visualizan la posibilidad de cambiar el sistema. Así que, por lo menos y de momento, descarguemos nuestra frustración y nuestro resentimiento contra alguien.

De este modo, lo que debería abrir posibilidades de intervención estructural —la noción de violencia sistémica— se convierte en un tropo político que legitima respuestas emocionales inmediatas, reafirma la lógica del castigo y clausura cualquier lectura compleja del conflicto. Por lo demás, el neoliberalismo hace su magia: convierte la opresión colectiva en drama individual y la rabia en formulario de denuncia. ¿El resultado? Un concepto de violencia tan inflado que ya no sirve para nombrar nada, pero sí para justificarlo todo.

De esta forma, la extensividad del concepto de violencia —hoy atribuible a comportamientos de naturaleza y gravedad muy diversa—, el uso performativo de los relatos y las cifras en torno a la violencia, así como la constante presencia mediática de casos aberrantes que se presentan como paradigma de la totalidad del problema, terminan configurando un escenario en el que muchas mujeres desarrollan su sexualidad bajo el signo de la sospecha y el miedo. Casos extremos y excepcionales, elevados a la categoría de norma o tendencia generalizada, contribuyen a fijar un imaginario en el que el escándalo, el drama y la emergencia se convierten en el marco dominante. Cuando el pánico se plantea como respuesta natural y el drama como explicación omnipresente, el terreno queda abonado para la pasión punitiva y la gestión del miedo a través del control.

Así llegamos a un escenario en el que la sexualidad de las mujeres queda reducida a dos únicas posibilidades: sexo ideal o violencia. Como apuntaba Dolores Juliano, para obtener una relación sexual satisfactoria, las personas debían atravesar otras diez, con suerte, que no lo fueran. Es probable que, en un contexto patriarcal, las mujeres se lleven la peor parte de esa regla de compensación. Ahora bien, una experiencia insatisfactoria, una relación desagradable o con alguien sin empatía no es sinónimo de violencia. Follar con un imbécil no es violencia, aunque eso no debería impedirnos rebelarnos contra ello para exigir relaciones más placenteras o afearle su falta de interés en el deseo de la otra o pincharle la rueda de la moto.

Experimentar relaciones insatisfactorias, desagradables o indeseables forma parte de la experiencia humana de hacerse adulta, un proceso que, cada vez más, se nos está vedando a las mujeres. Esta imposibilidad de asumir la incomodidad, el error o incluso la decepción como parte inevitable de la construcción de nuestra sexualidad responde a una lógica que despoja de agencia y complejidad nuestras experiencias, infantilizándonos y sometiéndonos a un régimen discursivo que solo reconoce la pureza o la victimización. Como ha apuntado Laura Kipnis (2017), «¿Qué clase lerda de feminismo quiere proteger a las mujeres de la riqueza de sus propios errores, de sus propias ambivalencias?».[14]

Popularizar la idea de que todas sufrimos violencia, mediante un uso extensivo e inflacionado del concepto y la maximización de sus impactos, tiene consecuencias devastadoras tanto para las necesidades de reconocimiento del daño de las víctimas de ataques graves como para la configuración de la feminidad y su ya precaria libertad sexual. Este fenómeno responde, en parte, a una lógica que premia la victimización esencializada como un recurso más dentro del mercado de la legitimidad política y moral, favoreciendo la emergencia de prácticas narcisistas donde algunas personas buscan asegurarse el «dudoso» privilegio de ocupar el lugar de la víctima.

Estas dinámicas generan un escenario donde se producen víctimas y sufrimiento de manera continuada e innecesaria, configurando un terreno donde el daño se convierte en un recurso estratégico más que en una experiencia que debe ser reparada, mientras se desatienden las necesidades de quienes enfrentan violencias graves y concretas. Y lo que es aún más corrosivo: se abona el terreno para prácticas desvergonzadas de instrumentalización de la categoría de víctima, donde la búsqueda de prestigio o venganza personal, reconocimiento público o incluso beneficio económico se presenta con la máscara de la reparación.

Y para que todo esto cuadre no vale cualquier víctima. Es necesario que estas respondan a determinadas coordenadas de significado. Es necesario que se adhieran a una idea de víctimas que, a su vez y de forma perversa, encierra sus posibilidades de recuperación ante el hecho traumático.

Si algo ha perjudicado históricamente a las víctimas —y especialmente a las mujeres, esencializadas como víctimas por defecto— ha sido precisamente la exigencia de bondad, fragilidad e irresponsabilidad para ser reconocidas como legítimas. Estas configuraciones producen un doble efecto moralizador que, aunque aparentemente contradictorio, resulta funcional al régimen neoliberal.

---

[14] Laura Kipnis, *Unwanted Advances. Sexual Paranoia Comes to Campus*, Nueva York, Harper, 2017.

Por un lado, se impone un ideal de pureza moral que exige comportamientos dóciles y sexualidades normativizadas como únicas garantías de legitimidad. Este puritanismo actúa como un filtro que valida o invalida los relatos de violencia según su adecuación a estándares predefinidos de vulnerabilidad, fragilidad y sumisión. La víctima debe ser buena, inocente y moralmente intachable para que su dolor sea reconocido y atendido.

Por otro lado, se construye a las víctimas como sujetos irresponsables, desprovistos de agencia, a quienes se les otorga una especie de libertad licenciosa que, paradójicamente, se utiliza como prueba de su incapacidad para ser sujetos políticos plenos. Este discurso infantilizador las presenta como seres permanentemente dañados e incapaces de asumir cualquier responsabilidad o tomar decisiones significativas sobre sus propias vidas. Incluso en relación con el hecho violento, se les exime de toda responsabilidad, confundiendo así la ausencia de culpa con la ausencia de agencia.

Esta confusión entre eximir de culpa y eximir de responsabilidad es profundamente perjudicial. Repensar la responsabilidad no significa culpabilizarse por lo ocurrido, sino recuperar control sobre la narrativa de lo vivido, realizar una lectura más compasiva de nosotras mismas y, sobre todo, re-elaborar nuestra experiencia desde un lugar de agencia y poder que ha sido arrebatado por el hecho violento. La posibilidad de asumir responsabilidad sobre ciertos aspectos permite un proceso de resignificación que fortalece la recuperación.

Además, este doble dispositivo —que exige bondad e irresponsabilidad simultáneamente— limita las posibilidades de reparación efectiva. Por un lado, porque la recuperación de la violencia requiere elementos de reparación externos que estas mismas configuraciones impiden al individualizar las causas del daño y despolitizar su origen. Por ejemplo, en los preámbulos de las leyes suele insistirse en definir la violencia machista como una violencia estructural. Pero en cambio los esfuerzos se encaminan a legislar penalmente contra los ejecutores de esa violencia, dejando en segundo término la intervención sobre el marco que la posibilita e incluso la intervención re-insertora hacia quien agrede o la posibilidad de que este accione medidas restaurativas de cara a la víctima. Y, en segundo lugar, porque la santificación de la víctima impide a menudo que esta pueda reconocerse en su complejidad y des-culpabilizarse de comportamientos que puedan no ajustarse al ideal de la víctima bondadosa.

Es decir, la narrativa moralizante no solo niega que la víctima pueda tener agencia o responsabilidades, sino que también niega su complejidad ética y emocional. Es una obviedad que una víctima puede ser mezquina, oportunista y no estar buscando fines loables cuando denuncia la violencia. Por otra parte, las víctimas pueden haber actuado de forma contradictoria e incluso, algo por otra parte muy frecuente, haber activado mecanismos de negociación en el marco de una agresión para minimizar el daño. Insistir en un ideal inmaculado de la víctima no solo la deshumaniza, sino que también constriñe las posibilidades de su propia reparación.

Insistir en la inexistencia de responsabilidad y en la imposibilidad de haber hecho otra cosa perjudica profundamente a las víctimas, que muchas veces saben —o intuyen— que sí podrían haber actuado de otro modo. Negar esa evidencia es forzarlas a sostener un relato mágico, una ficción que deben encarnar para ser reconocidas como legítimas dentro de un sistema de significados perverso. En lugar de abrir espacio a la complejidad de las experiencias, este modelo las obliga a repetir una narrativa simplificada, que exige absoluta pasividad y absoluta bondad como única garantía de reconocimiento.

Esta operación no responde al interés por reparar el daño ni por comprender las condiciones que lo posibilitaron, sino a la necesidad del sistema punitivo de construir sujetos moralmente unívocos. Un sistema que necesita verdades y medias mentiras, necesita también explicaciones simples: agresores malvados, víctimas puras, actos sin ambivalencias. Este modelo maniqueo no encaja con ninguna comprensión sensible mínimamente adulta, pero resulta perfectamente funcional para mantener intacta la lógica del castigo.

Todo este montaje opera como un teatro: un conjunto de actuaciones predefinidas cuya función es sostener el escenario, aunque para ello se deba sacrificar la subjetividad de quienes han sufrido violencia. Porque este teatro no está diseñado en interés de las personas que sufren ni de la mejora colectiva, sino para preservar un régimen de sentido que convierte el daño en espectáculo, y la justicia en escarmiento.

El problema de la víctima como identidad

Otra de las cuestiones especialmente problemáticas es la tendencia identitaria de las actuales configuraciones de la víctima de violencia machista y, especialmente, de violencia sexual. Cuando me refiero a esta tendencia identitarista, hablo de formas de articulación política que se fundamentan en la construcción de identidades fijas en torno a las cuales se estructuran demandas. Estas identidades, en lugar de ser entendidas como posiciones relacionales y dinámicas, se cristalizan en categorías de poder con atribuciones normativas rígidas, sostenidas por una insistencia en la política de la identidad fuerte.

El problema de articular políticamente la figura de la víctima como una identidad fuerte es que dicha configuración exige una reafirmación constante de la condición de víctima para mantener el lugar de reconocimiento e inteligibilidad. Como es evidente, la experiencia del daño requiere ser reconocida: nombrarla y situarla es el primer paso para iniciar procesos de reparación y transformación. Sin embargo, el riesgo aparece cuando ese lugar se cristaliza como un eje identitario. El lugar de vulnerabilidad y desposesión al que nos arroja una experiencia de violencia puede expresarse a través de emociones intensas y contradictorias que merecen ser sostenidas por quienes acompañan con compromiso y cuidado. Pero como ha apuntado Judith Butler [15] el problema surge cuando esa vulnerabilidad se convierte en un atributo fijo, una escena repetida hasta el agotamiento para garantizar visibilidad o reconocimiento, en lugar de ser transitada como una condición que abra paso a vínculos, alianzas o reconstrucciones posibles.

Muchas de las víctimas de violencias graves lo que desean, en realidad, es que el dolor pase. Quieren deshacerse de esa experiencia, no tener que cargar con ella como una losa eterna y poder seguir adelante con sus vidas. Sin embargo, múltiples condiciones obstaculizan ese derecho al olvido, ese tránsito hacia un lugar distinto donde el daño no sea el núcleo de la identidad. Entre ellas, una de las más relevantes es el modo en que se acompañan estos procesos. Lo que a menudo se presenta como un acompañamiento incondicional —bajo la lógica de la fidelidad absoluta a la víctima— se convierte, en realidad, en un dispositivo de fijación. Como señala Sara Schulman, bajo la apariencia de una lealtad incuestionable, se impone una forma de acompañamiento que impide cualquier interrogación, revisión o matiz sobre lo que la víctima siente, propone o afirma. En este proceso, que Shulman denomina la «falsa lealtad» hacia quienes sufren, se bloquea la posibilidad de elaborar críticamente la experiencia y de generar un relato que permita a la persona salir del lugar de víctima sin sentir que al hacerlo traiciona su dolor o renuncia a su legitimidad.

En ocasiones quienes acompañan la violencia tienen intereses espurios respecto de la protección y reparación a la víctima y pretenden en este proceso saciar necesidades propias de venganza, malestar o incluso obtener rédito político o simbólico. Pero lo más frecuente es que esta forma de acompañamiento no surja de una actitud deliberadamente descuidada, sino de nuestra propia dificultad para sostener el dolor o el malestar extremo que nos interpela. Incapaces de habitarlo, necesitamos actuarlo, hacer algo rápido, intervenir como sea para no vernos desbordadas. Pero esa urgencia por actuar el dolor sin procesarlo, esa necesidad de que la víctima haga algo —denuncie, escrache, acuse, rompa— termina reproduciendo las mismas lógicas punitivas que se pretendía evitar. Y cuando el dolor no cede —porque no lo hemos acompañado sino inflamado—, cuando la víctima se vuelve excesiva incluso para nosotras, cuando no deja de elaborar demandas

---

[15] Judith Butler, *Vida precaria. El poder del duelo y la violencia*, Buenos Aires, Paidós, 2006 y *Marcos de guerra. Las vidas lloradas*, Buenos Aires, Paidós, 2009.

o exigencias que ya no sabemos cómo contener, entonces ocurre lo previsible: la abandonamos. La misma víctima que acompañamos a ocupar el centro, se convierte en alguien de quien huir cuando ya no responde al guion del daño que queríamos gestionar. O lo que es peor, cuando hemos obtenido nuestro rédito personal.

Esta lógica se vuelve aún más perversa cuando se sitúa en perspectiva histórica. Durante siglos, a las mujeres se nos ha castigado por sentir demasiado —por encarnar el exceso emotivo, la irracionalidad, la incapacidad de gestionar o modular nuestras emociones— hasta el punto de patologizar cualquier forma de respuesta no racional al malestar. Autores y autoras como Foucault, Federici o Dalla Costa han mostrado cómo los dispositivos disciplinarios modernos —estatales, médicos, jurídicos, pedagógicos y afectivos— se pusieron al servicio de la domesticación del deseo, del cuerpo y de la conducta de sujetos considerados «peligrosos», «desviados» o «inadecuados» para el nuevo orden burgués: locos, mujeres, histéricas, anormales, prostitutas, obreros, vagos, brujas, desviad*s. El objetivo era producir subjetividades dóciles, clasificables, gestionables; útiles para los intereses de la clase burguesa emergente y funcionales a sus exigencias productivas y reproductivas. La racionalidad moderna se impuso como única forma legítima de existencia, en tanto garantizaba el control de los afectos y deseos que pudieran poner en riesgo la estabilidad del sistema.

Sin embargo, hoy, en algunos discursos feministas contemporáneos, aquella impugnación a la racionalidad moderna ha sido invertida de forma acrítica, sin llegar a desactivar su lógica binaria. En lugar de cuestionar cómo se construyó históricamente la razón como atributo masculino y de clase, se defiende una exaltación esencialista de las emociones extremas, como si fueran, por sí solas, prueba política, verdad moral o garantía de legitimidad.

La reivindicación legítima de formas de sentir que no encajan en los marcos racionalistas, androcéntricos y burgueses ha derivado, en muchos casos, en una apología acrítica de las emociones extremas, desancladas de cualquier estrategia colectiva y desprovistas de capacidad para generar consensos o alianzas. Lo que en algún momento pudo ser una vía para denunciar la patologización histórica del dolor femenino, se ha convertido en una sacralización de la afectación constante como capital político, como si gritar más fuerte fuera sinónimo de tener más razón. Se pasa así de la vergüenza por sentir demasiado, a la exaltación de la emoción irreconciliable, exaltada y sin mediación posible.

Y, por si fuera poco, estas pasiones son a menudo producidas e instrumentalizadas por los propios dispositivos neoliberales de subjetivación, especialmente por medio de los discursos securitarios en torno a la violencia sexual. Se nos enseña a tener miedo, a estar alertas, a vivirnos como vulnerables, a experimentar cada malestar como trauma, y luego se nos ofrece una política del afecto como única vía legítima de participación. No hay organización, hay expresión; no hay estrategia, hay impacto. Y si no hay alianza posible con otros sujetos porque nuestras emociones son únicas, innegociables y sagradas, entonces tampoco hay proyecto político: hay catarsis administrada por el poder.

Cuando ser víctima deja de ser una etapa y se convierte en un anclaje existencial, el dolor pasa a ser no solo el centro del relato, sino también el filtro desde el cual se interpreta cualquier acontecimiento. La subjetividad queda entonces atrapada en la necesidad de generar insumos constantes que demuestren cuánto daño hemos sufrido, reforzando la identidad que asegura acceso al reconocimiento, a la escucha o a determinados recursos simbólicos y materiales. En ese punto, ya no se busca dejar de ser víctima, sino consolidarse en esa posición. Como han señalado Wendy Brown[16] y María Galindo[17] la víctima, cuando se erige en identidad, ya no denuncia la violencia para salir de ella, sino para permanecer en el lugar desde donde es legitimada, y desde donde puede leer todo conflicto como confirmación de su narrativa. Y es precisamente ahí donde, como también ha comentado Antonio Gómez Villar,[18] se suturan las posibilidades de elaborar otras formas de relación con el mundo, con el conflicto y con quienes no se ubican en idéntico lugar de enunciación o no comparten el mismo grado de dolor. Cualquier diferencia, cualquier tensión o falta de acuerdo, se vive entonces como una nueva agresión. Una nueva herida que no interpela, sino que ratifica.

El problema de la víctima como Una (homogeneización)

> La cultura burguesa es una poderosa máquina de producción de registros estéticos, de formas de sentir y actuar acorde con unos intereses muy concretos. [...] Impugnar la cultura burguesa es así una forma de poner en crisis el orden social, económico y político que promueven las estéticas que hemos heredado e integrado en nuestro sensorio actual.
>
> Jaron Rowan[19]

Todo ello nos sitúa ante un escenario en el que, como ha señalado Lois McNay, la teoría política de la izquierda —y dentro de ella el feminismo— ha reducido la condición de víctima a una performance victimista: una posición esencialista, instrumental y autoritaria que, además,

---

[16] Wendy Brown, *Estados del agravio. Poder y libertad en la modernidad tardía*, Madrid, Lengua de trapo, 2019.

[17] María Galindo, *Feminismo bastardo*, La Paz, Mujeres Creando, 2019.

[18] Antonio Gómez Villar, *Transformar no es cancelar*, Barcelona, Verso, 2024.

[19] Jaron Rowan, *Manual para quemar el Liceo. Manifiesto por una cultura ecológica*, Madrid, Traficantes de Sueños, 2024.

ha descuidado la experiencia encarnada de la victimización.[20] La insistencia en una figura de la víctima esencialmente pura y dañada responde a una lógica que privilegia las experiencias de quienes tienen el poder de convertir su vulnerabilidad en un discurso políticamente válido. Un discurso que, paradójicamente, se presenta como universal, pero que responde a las necesidades muy concretas de quienes ocupan posiciones de poder o aspiran a acceder a él. Este modelo de fragilidad no es inocente: funciona como un dispositivo de legitimación que reafirma la centralidad de las clases medias y burguesas como los únicos sujetos dignos de protección y reparación, mientras se desatienden —o incluso se criminalizan— otras experiencias que no encajan en ese esquema.

Las formas de expresar y procesar la violencia no son universales ni espontáneas: están profundamente atravesadas por las condiciones materiales y los intereses políticos de las clases sociales a las que pertenecen quienes las experimentan. Lo que hoy se presenta como respuesta emocional legítima —el daño sobredimensionado, el quiebre expresivo, la exclusión inmediata del agresor, la demanda de reconocimiento y castigo— se corresponde con las formas de subjetivación propias de las clases burguesas, cuyas condiciones de vida permiten canalizar el conflicto en términos de daño individual, reparación institucional y resolución externa. Esta lógica, profundamente individualista, se articula con una concepción propietaria de la identidad: el relato del trauma se convierte en bien personal, la víctima en sujeto de excepción y la respuesta esperada, en ruptura o sanción.

Por el contrario, las mujeres de clase trabajadora, racializadas o pertenecientes a comunidades estigmatizadas enfrentan coordenadas materiales y relacionales radicalmente distintas. No porque sientan menos, sino porque los costos de ajustarse al molde hegemónico del dolor son demasiado altos, y porque las redes comunitarias, los lazos afectivos y las condiciones de supervivencia no permiten respuestas que rompan con todo. En estos contextos, el conflicto suele abordarse desde otras claves: más vinculadas a la necesidad de sostener lo vivible que al reconocimiento público del daño. Imponer el relato burgués del trauma como única forma legítima de nombrar la violencia borra esa diversidad estructural y neutraliza las estrategias políticas que podrían ser más emancipadoras para quienes no gozan del capital simbólico de la víctima ejemplar. Obliga a las más precarizadas a representar un papel que no responde a sus condiciones de vida ni a sus intereses de clase, despojándolas de herramientas propias para gestionar el conflicto sin destruir lo que aún sostiene sus existencias.

---

[20] Gabriela Méndez Cota, «Victimismo estratégico o las trampas del nihilismo» en Marta Lamas y Mariana Palumbo (coord.), *Deseo y conflicto. Política sexual, prácticas violentas y victimización*, Ciudad de México, Fondo de Cultura Económica, 2023.

El resultado es un sistema de reconocimiento selectivo que se alimenta de la victimización performativa de quienes pueden permitírsela, al tiempo que ignora o invalida las experiencias de quienes no cumplen con los requisitos de esta narrativa burguesa del sufrimiento legítimo. Las mujeres que enfrentan condiciones extremas de explotación laboral, hiperprecariedad, persecución policial, racismo institucional o exclusión sistemática de derechos no pueden enmarcar sus vivencias de violencia en esos parámetros. Para quienes ejercen trabajo sexual, para las mujeres pobres, racializadas, trans o las militantes perseguidas, la violencia no es un evento aislado que reclama reparación, sino una condición estructural que exige estrategias colectivas de resistencia.

La peligrosidad de este ejercicio homogeneizante reside en su carácter profundamente autoritario. Al pretender erigirse en discurso universal, impone un modelo que silencia, deslegitima o invisibiliza aquellas experiencias que no se ajustan a sus formas codificadas. Este régimen de representación no solo pretende hablar en nombre de todas, sino que lo hace ignorando deliberadamente las realidades de quienes no acceden a los espacios desde los que se construyen dichos relatos.

En la práctica, este modelo se traduce en una política de la violencia completamente desconectada de las experiencias concretas de las mujeres más vulnerables. Mientras el discurso punitivo canaliza las demandas de ciertos sectores privilegiados, se desatienden las brutales violencias que recaen sobre quienes habitan condiciones de exclusión estructural. Y lo que es aún más grave: los discursos presentados como universales acaban siendo la base de leyes y políticas públicas que, lejos de responder a todas, refuerzan los intereses de las clases medias y la respetabilidad burguesa. El Estado, bajo la apariencia de neutralidad, legisla para mantener su agenda: garantizar estabilidad a quienes ya gozan de privilegios.

Así se consolidan tres operaciones especialmente perversas para las víctimas más vulnerables. En primer lugar, se silencia su experiencia y se invalidan sus estrategias, especialmente cuando desbordan el modelo oficial. En segundo lugar, se crean políticas que dicen protegerlas pero que se basan en un modelo de víctima que no les pertenece, priorizando respuestas penales o policiales en lugar de políticas sociales transformadoras. Por último —y quizá más insidioso—, se moldea su subjetividad para que encaje en el ideal burgués de vulnerabilidad: un modelo de fragilidad impostada, anclado en la irrecuperabilidad, la venganza sentimentalizada y el vínculo identitario con otras víctimas, en un interclasismo que disuelve las condiciones reales de opresión.

Para muchas de las que quedan fuera de ese marco, la supervivencia depende más de generar formas colectivas de protección y apoyo mutuo que de acogerse a un régimen punitivo que ni siquiera reconoce su existencia. Y sobre todo, depende de mantener subjetividades capaces de sostener relatos de fortaleza, desdramatización y resistencia, más que de fragilidad, victimismo o parálisis moral.

El precio del castigo: consecuencias subjetivas, sociales y políticas
del régimen punitivo

El modelo punitivo no solo fracasa en sus promesas de justicia, sino que produce efectos devastadores sobre las subjetividades de las víctimas empíricas. Para ser reconocida como tal, la víctima debe encarnar una serie de atributos moralmente codificados —pureza, fragilidad, inocencia, vulnerabilidad— que configuran una gramática afectiva específica y excluyente. Solo quienes se ajustan a ese molde —mujeres blancas, de clase media, emocionalmente expresivas y políticamente dóciles, o también aquellas que encarnan la figura de la pobre sumisa— pueden acceder a los circuitos de reconocimiento y reparación simbólica que este régimen ofrece. Las demás quedan fuera: mujeres racializadas, migrantes, trabajadoras sexuales, militantes políticas, personas trans o con trayectorias disidentes que encarnan otros modos de sufrir, de resistir o de nombrar la violencia, son sistemáticamente deslegitimadas, invisibilizadas e incluso criminalizadas.

Esta subjetivación tiene, además, un coste devastador para quienes logran ajustarse al molde. En el caso de la violencia sexual, la interiorización de un régimen de significados sacralizados sobre el cuerpo femenino produce un sufrimiento aún más encarnado. Cuanto más se concibe la sexualidad como algo sagrado, más intolerable es su «profanación»; la vagina se convierte en reliquia y el daño sexual, en mancilla irreversible. El reconocimiento se condiciona así a una afectación extrema. Por el contrario, quienes habitamos nuestros cuerpos desde lugares menos normativizados solemos disponer de más recursos para procesar el daño y seguir adelante. Pero esa autonomía emocional no obtiene reconocimiento: se nos acusa de frialdad, se nos revictimiza o directamente se nos expulsa del relato legítimo del sufrimiento.

A esta exclusión simbólica se suma otra aún más insidiosa: la que convierte a la víctima en sujeto tutelado, pasivo, dependiente del Estado o de sus mediaciones expertas. Se impone así una subjetividad que necesita ser protegida, asistida, hablada por otras. El sufrimiento otorga autoridad moral, pero al precio de inhibir cualquier capacidad de agencia. La víctima se convierte en depositaria del dolor, pero no en interlocutora política. La denuncia se convierte en la única vía legítima de acción, absorbida por un sistema que ni repara ni transforma, pero que se presenta como la única alternativa posible. Muchas personas expresan el deseo de denunciar, no necesariamente por confianza en el aparato judicial, sino por la necesidad legítima de que quien causó el daño asuma alguna forma de consecuencia. Pero esa necesidad suele estar poblada de otras expectativas —conocer los motivos, obtener respuestas, impedir la repetición, que el daño no quede impune—, que el sistema penal y los actuales abordajes sociales y psicológicos de la violencia machista no solo no contemplan, sino que cancelan. Lo que se ofrece como justicia es, en realidad, un horizonte precario y punitivo que multiplica el dolor sin satisfacer las demandas esenciales. ¿Quién se hará cargo de la frustración, el malestar y la impotencia que sobreviene cuando esa justicia prometida no llega?

Todo este dispositivo se sostiene, en gran medida, sobre una sacralización de las emociones. Se establecen como auténticas solo aquellas formas de sentir que encajan con el guión de la víctima perfecta —las tristes, las rotas, las indignadas— mientras se sospecha de cualquier otro registro afectivo. El dolor deja de ser una experiencia a transitar y se convierte en una identidad fija. Las emociones se cosifican: no se elaboran, se exhiben; no se procesan, se moralizan. En ese régimen de verdad afectiva, que solo admite intensidades sin ambivalencias, se produce un sujeto saturado de emoción pero incapaz de articular comunidad, de generar estrategia o de politizar el daño. Un sujeto encerrado en su herida, cuya única salida es la administración institucional de su malestar. Es precisamente ahí donde el discurso punitivo encuentra su terreno más fértil.

La politización del daño es algo absolutamente necesario, sanador para las víctimas y origen de sus posibilidades de intervenir políticamente sobre el contexto que ha favorecido el daño. Pero el problema es que este modelo produce una víctima no solo pasiva, sino exenta de toda responsabilidad política. No se le exige ética ni se le reconoce agencia, bloqueando así cualquier posibilidad de reconstrucción desde un lugar de potencia. La subjetividad queda fijada en el dolor, impermeable a la contradicción, al aprendizaje, a la elaboración. Y con ello, se anula también su dimensión transformadora, su capacidad de articularse colectivamente, de disputar sentido, de aceptar que no todo puede repararse y que es posible convivir con el conflicto. Se clausura toda posibilidad de proyecto político. Lo que debería haber sido una oportunidad de organización y lucha se convierte en un silencio legitimado por la moral del sufrimiento. La víctima útil es aquella que no supera su dolor, que no interviene desde otro lugar que no esté mediado por este, que no se organiza, que no interpela: solo confirma con su herida la necesidad del castigo. Como señalé en *Pensar juntxs*,[21] «la épica de la víctima impide revisarnos, cuestionarnos, formular preguntas útiles para transformar las condiciones que favorecen la existencia de la violencia machista. La trampa más cruel es que esos relatos que nos pretenden ensalzar como heroínas, que presentan nuestra experiencia como épica, son los que encierran y suturan las posibilidades de transformar el contexto que nos ha dañado».

---

[21] Laura Macaya, «Pensar juntxs», en *Ctxt*, octubre de 2024.

Este efecto es devastador. Muchas víctimas de violencia sexual grave —justamente aquellas a las que se dice querer proteger— guardan silencio ante estos relatos, no por falta de palabras, sino porque cualquier palabra propia queda invalidada. Erigirse como representante de ese lugar resulta, para muchas, absolutamente vergonzante. Significa exponerse a una mirada ajena que te convierte en un objeto de ensalzamiento morboso, una especie de heroína bobalicona, incapaz de asumir responsabilidad ética o política alguna si te ajustas al relato oficial. Pero también implica asumir la sospecha —y a menudo la culpa— si decides apartarte de la lógica de la irrecuperabilidad, del trauma perpetuo, del dolor como identidad. Entre el guion de la mártir y el de la traidora, no hay salida. El camino más sano y transformador —poder nombrar el dolor sin quedar fijada a él, transitar el trauma con acompañamiento, encontrar una vía de elaboración que no condene a otras mujeres ni refuerce los dispositivos de castigo— simplemente no existe en este marco. Porque no hay lugar para la complejidad, ni para la contradicción, ni para la potencia. Porque esto no va de víctimas, va de sostener una política moral que reparte legitimidad a cambio de docilidad, administra el sufrimiento como si fuera mérito y convierte la denuncia en espectáculo. No es justicia, es control disfrazado de compasión y castigo servido como única forma de orden posible.

Por otra parte, el punitivismo se ha consolidado como un sistema cultural, una economía afectiva desde la cual imaginamos nuestras relaciones, gestionamos los conflictos y producimos nuestros vínculos. Como señalan Nicolás Cuello y Diego del Valle Ríos,[22] sus principios represivos ya no operan solo en el ámbito jurídico o policial, sino que han sido «inscritos, traducidos y adecuados [...] sobre el ámbito de lo privado y, específicamente, sobre el terreno del deseo». Esta interiorización convierte al castigo en un lenguaje emocional cotidiano: se castiga al que hiere, al que incomoda, al que no encaja, desde una posición de superioridad moral que no tolera ni la ambivalencia, ni el disenso. Esta cultura afectiva de la punición rompe los lazos que podrían sostener procesos de reparación colectiva y los reemplaza por circuitos de señalamiento, aislamiento y escarnio afectivo. Un fascismo emocional y cultural que, bajo la lógica de la eliminación del otro, impone la pureza afectiva, la cancelación preventiva y la exclusión sistemática del conflicto. Una matriz afectiva endurecida por la ansiedad, el miedo y la sospecha, que reduce la vida común a una competencia por el reconocimiento, desintegra los vínculos comunitarios y convierte toda diferencia en amenaza.

---

[22] Nicolás Cuello y Diego del Valle Ríos, «Caminos para desarmar la crueldad» en Sarah Shulman, *Conflicto no es lo mismo que abuso. Contra la sobredimensión del daño*, Barcelona, Paidós, 2023.

En este contexto, las relaciones afectivas se estructuran según los mismos principios que rigen el sistema penal: exclusión, ejemplaridad, irreversibilidad. Interiorizamos una forma de estar en el mundo en la que todo conflicto se convierte en violencia, toda violencia en delito, todo malestar en trauma y toda diferencia en peligro. Esta despolitización del conflicto borra su potencial transformador y consolida una subjetividad temerosa, precavida y ensimismada. La lógica del castigo no solo se impone desde arriba: se filtra en los gestos, en las conversaciones, en las decisiones más íntimas.

El resultado es la multiplicación de la soledad política, el miedo a intervenir, la autocensura. Muchas personas —especialmente quienes no encajan del todo en el relato hegemónico— optan por retirarse, callar o no implicarse por temor a no estar «a la altura moral» o a ser denunciadas por pensar, sentir o actuar de forma no homologada. Se consolida así un clima relacional en el que la afectividad opera como mecanismo de control y la comunidad se convierte en escenario de escarmiento. En nombre de la justicia, se reproduce la fragmentación neoliberal, la desafección y la soledad, mientras se refuerza un aparato estatal que capitaliza nuestra impotencia relacional para legitimar su intervención constante.

Por último, la construcción de la víctima a través de los abordajes punitivos de la violencia machista no solo afecta a las víctimas empíricas, tampoco reconfigura sus afectos, vínculos y posibilidades de agencia. Lo que resulta más decisivo es que actúa como un dispositivo estructural que refuerza la razón neoliberal y su economía política del castigo mediante la gestión y el control de las poblaciones excedentarias. La figura de la víctima —tal como ha sido configurada— opera como una palanca legitimadora de políticas de gestión social: desde la criminalización y el endurecimiento penal, hasta el asistencialismo paternalista más disciplinador.

En este régimen, el sufrimiento de las mujeres solo adquiere valor político cuando es recodificado como «violencia» bajo los marcos punitivos del Estado, desplazando así la atención de los verdaderos responsables del daño. No es casual que determinadas necesidades de justicia no reciban respuesta hasta que no son enunciadas como violencia interpersonal. Tal fue el caso de las jornaleras de Huelva, cuyas condiciones extremas de explotación y abuso patronal pasaron inadvertidas hasta que emergieron denuncias por violencia sexual que, rápidamente, fueron convertidas en el centro del problema. Y no es casual, porque si la violencia machista interpersonal se consolida como el enemigo principal, resulta más sencillo justificar intervenciones punitivas, evitar el cuestionamiento estructural y reforzar una narrativa en la que el castigo aparece como horizonte natural de justicia. En cambio, señalar al sistema agroalimentario, al beneficio desproporcionado de los intermediarios, al papel de las familias oligárquicas que concentran tierras o al asesinato sistemático de personas migrantes para sostener la economía nacional, resulta sencillamente inasumible.

Algo similar ocurre en el ámbito académico universitario. En este espacio —frecuentemente compuesto por clases medias aspiracionales y sectores de clase alta—, la organización sindical ha sido prácticamente inexistente y las condiciones de explotación raramente encuentran cauces de expresión. El prestigio simbólico asociado a la pertenencia al mundo académico funciona como dispositivo de autocontrol: se impone un régimen de silencio sustentado en la esperanza de ascenso social. En ese escenario, la única vía que ha conseguido legitimarse sin cuestionar las estructuras de base ha sido la de los protocolos contra la violencia. En muchas de sus formulaciones institucionalizadas, estos protocolos sustituyen la organización política por una lógica moral, individualista y procedimental, que reproduce la forma-ley como dispositivo de resolución. Bajo ese marco, toda injusticia debe ser narrada como violencia interpersonal para ser reconocida, borrando así sus causas estructurales. Lo que podría leerse desde claves colectivas y politizadas se desplaza hacia la figura del agresor individual. El sistema se preserva, y la culpa cambia de manos.

Este marco refuerza el aislamiento y desactiva la posibilidad de una acción colectiva estructural, reemplazándola por estallidos morales de corta duración que sabotean la organización sostenida. Como advierten Keeanga-Yamahtta Taylor[23] y Cedric Johnson,[24] al centrar la política en el reconocimiento de identidades esencializadas y en la autenticidad moral como único fundamento de legitimidad, se abandona la crítica estructural y se bloquea la construcción de alianzas amplias y transformadoras. Lo que queda es un activismo de nicho, funcional al neoliberalismo que dice combatir, que convierte las categorías de víctima y agresor en mercancías dentro del mercado político y bloquea toda posibilidad de lucha redistributiva. En este escenario, la punición no solo organiza afectos y relatos: organiza también sujetos, poblaciones y mapas de intervención. El castigo se hace pasar por justicia. Y la justicia, por espectáculo.

Violencia divina: praxis de ruptura del orden punitivo

> Todo derecho fundado sobre la violencia es injusto. Pero no toda violencia es injusta.
>
> Walter Benjamin

---

[23] Keeanga-Yamahtta Taylor, *From #BlackLivesMatter to Black Liberation*, Chicago, Haymarket Books, 2016.
[24] Cedric Johnson, *The Panthers Can't Save Us Now: Debating Left Politics and Black Lives Matter*, Albany, State University of New York Press, 2017.

Hasta aquí hemos desarmado las formas en las que el régimen punitivo moldea subjetividades, emociones, vínculos, instituciones y discursos. Hemos visto cómo, bajo la excusa de proteger a las víctimas, se refuerza un orden afectivo, moral y político que necesita sujetos dóciles, relatos clausurados y emociones homologadas. Pero este diagnóstico, por preciso que sea, no basta si no abre grietas por las que se pueda imaginar una salida. No una reforma, sino una ruptura. No una alternativa amable, sino una violencia divina.

La noción benjaminiana de violencia divina (1921) nos permite pensar una forma de intervención que no se inscribe en el círculo mítico de la ley, del castigo, del escarmiento, sino que lo interrumpe radicalmente. No se trata de sustituir una norma por otra, sino de suspender el sistema que convierte el daño en espectáculo, la justicia en penalidad, y la diferencia en amenaza. Las prácticas de justicia transformativa, así como los feminismos queer, antiesencialistas y pro-sexo, pueden leerse como expresiones de esta violencia divina: no porque nieguen el conflicto, sino porque se niegan a gestionarlo desde la lógica estatal, conservadora y necropolítica del castigo.

Justicias transformativas: más allá del castigo, más allá del Estado

Las justicias transformativas no son un «método alternativo» para lidiar con la violencia, como a veces se presenta en sus versiones institucionalizadas. Son una apuesta radical por desmantelar la centralidad del castigo en la forma en que entendemos la justicia, el daño y la comunidad. En lugar de preguntarse «quién ha hecho qué y cuánto merece sufrir por ello», se centran en quiénes han sido afectadas, qué necesitan para sanar, y qué condiciones estructurales debemos transformar colectivamente para que ese daño no se repita.

Siguiendo a Danielle Sered en *Until We Reckon*,[25] la justicia transformativa se construye sobre tres pilares: responsabilidad individual (no como castigo, sino como conciencia del daño causado), reparación colectiva (no como compensación, sino como transformación del vínculo) y transformación estructural (no como mejora de las leyes, sino como desarticulación de los marcos que permiten el daño). No hay automatismo, no hay moralismo, no hay victimismo: hay conflicto, deseo de agencia, complejidad relacional.

Este enfoque desplaza el conflicto del terreno judicial al terreno político y comunitario. Implica repensar nuestras condiciones materiales, afectivas y simbólicas para construir un nosotr*s que no se sostenga en la exclusión, sino en la corresponsabilidad. Pero, sobre todo, desactiva la producción subjetiva de la víctima irrecuperable, del

---

[25] Danielle Sered, *Until We Reckon: Violence, Mass Incarceration, and a Road to Repair*, Nueva York, The New Press, 2019.

agresor monstruoso y de la comunidad aterrada. Reconstruye el lazo, no sobre la pureza moral, sino sobre la potencia colectiva.

Feminismo disidente pro-sexo: potencia frente a victimismo

Los feminismos pro-sexo, queer, antiesencialistas o posidentitarios han sido clave para desmontar la figura de la víctima como único sujeto legítimo de la política feminista. Frente a una política basada en la sacralización del dolor, estos feminismos interrumpen el mandato de pureza, vulnerabilidad y ejemplaridad moral que ha definido a las mujeres como sujetos de tutela. No se trata de negar la violencia, sino de no dejarse definir por ella. Se trata de recuperar el deseo, el cuerpo, el error, el placer, la contradicción y el poder como dimensiones legítimas de lo político.

Esta línea feminista desestabiliza la centralidad de la violencia sexual como núcleo del relato identitario femenino. No porque niegue su existencia, sino porque denuncia cómo su sobredimensión sirve para justificar respuestas conservadoras y punitivas que no solo no protegen a las mujeres, sino que refuerzan su construcción como víctimas eternas, frágiles y necesitadas de salvación. La épica de la víctima nos impide hacernos cargo y responsabilizarnos por lo que se defiende en nuestro nombre y bajo qué intereses. No interroga, no transforma, no incomoda. Solo reproduce una forma legitimada de impotencia que se vuelve funcional a la lógica estatal.

Desde esta perspectiva, lo disidente no es una identidad más, sino una práctica política de desidentificación. Las sexualidades desviadas, los cuerpos no normativos, los relatos no traumáticos, los placeres no sancionados abren grietas en el consenso punitivo. Cuestionan no solo cómo respondemos al daño, sino qué imaginarios del poder, el deseo y la justicia sostenemos. Porque si el único horizonte posible es castigar, entonces lo único que nos queda es obedecer, sufrir y exigir más castigo.

Por una política radical del deseo y la reparación

Lo que comparten las justicias transformativas y los feminismos disidentes no es solo una crítica al castigo. Es un proyecto común: interrumpir la maquinaria moral, jurídica y emocional que nos impide pensar otros mundos posibles. Ambas corrientes, en su confluencia, apuntan a una subjetividad que no se define por el trauma ni por la inocencia, sino por la capacidad de transformar, de responsabilizarse, de implicarse. Como señala adrienne maree brown en *We Will Not Cancel Us*,[26] necesitamos procesos que nos permitan cambiar, no rituales de aniquilación simbólica.

---

[26] adrienne maree brown, *We Will Not Cancel Us: And Other Dreams of Transformative Justice*, Chico, AK Press, 2020.

Estas propuestas no piden permiso. No suplican reformas. No hacen pedagogía para complacer al poder. Son praxis vivas de experimentación política. Saben que el Estado no vendrá a salvarnos, y que las leyes no son un espacio neutral de justicia. Por ello es necesario practicar la desobediencia afectiva, la construcción de alianzas no identitarias y la invención de nuevos lenguajes para narrar el daño y el deseo.

Nombrar esta potencia como violencia divina no es una metáfora poética: es una toma de partido. Es la afirmación de que, frente a la razón mítica que nos somete con la promesa de orden, elegimos una interrupción. Una suspensión del mandato de castigar, de purificar, de representar el daño como espectáculo. Una afirmación de que la justicia no necesita tribunales, sino vínculos. No necesita sentencias, sino procesos. No necesita mártires, sino sujetas vivas, deseantes y capaces de reorganizar el mundo.

Porque si el castigo es la forma en que el poder gestiona su miedo, la justicia transformativa y los feminismos disidentes son la forma en que nosotras gestionamos nuestro deseo. Y esa diferencia no es menor: es todo lo que necesitamos para que el presente no sea un eterno retorno del daño, sino una posibilidad de vivir juntas sin tener que pedir permiso para hacerlo.

Tendencias punitivas en los movimientos sociales.
Realidad, causas y desafíos hacia un vuelco emancipador

Marisa Pérez Colina

¿Por qué sigue siendo el Estado, principal productor y reproductor de las estructuras de desigualdad que sustentan el capitalismo, un interlocutor privilegiado de los movimientos sociales en la última década? No es solo que las protestas se dirijan hacia uno de los principales agentes de las violencias sociales —por ejemplo, del movimiento de vivienda hacia el gobierno y el Ministerio de Vivienda— tanto para defenderse de las mismas como para exigir cambios en favor de una mayor justicia social, sino que realmente se cree que el Estado puede ser, a la vez, el problema y la solución. La hipótesis que defiende este texto es que, tras varias décadas de políticas neoliberales, la balanza entre reforma dentro del capitalismo y transformación profunda del sistema se está inclinando decididamente hacia la primera. Ciertamente, los lemas y discursos de los movimientos sociales siguen hablando de «cambiarlo todo»; pero más allá de las consignas, muchas de las prácticas reales no están apostando tanto por crear autonomía —instituciones propias capaces de garantizar la reproducción social colectiva—, como, en demasiadas ocasiones, por pedir nuevas leyes.

Esta tendencia a la demanda frente a la construcción de instituciones propias vendría además acompañada de una deriva punitiva en algunos espacios y discursos que se reclaman feministas, antirracistas o defensores del colectivo LGBTI+. Cabe por tanto plantear la disyuntiva de este modo: ¿están la lucha contra el machismo y el combate contra el racismo siendo instrumentalizados por las instituciones del Estado con el fin de reforzar el sistema penal?

La segunda década del siglo XXI ha sido testigo de un proceso de extensión y naturalización de las demandas punitivas dentro de los movimientos sociales como forma de abordar las violencias generadas por la división sexual e internacional del trabajo, el heteropatriarcado, el sistema de fronteras y la devastación capitalista de la vida en general. Una parte de los espacios y voces que se autodefinen como feministas, LGTBI+ y antirracistas se ha convertido en agente activo del proceso de endurecimiento del sistema penal. Esta es la hipótesis que se pretende demostrar en este artículo, señalando, en primer lugar, algunas de las demandas legislativas que consideramos paradigmáticas en este sentido; proponiendo, después, algunos factores explicativos de esta tendencia; para finalmente plantear la necesidad de un viraje urgente y profundo desde el paradigma de la criminalización al del abolicionismo.

I. Tendencias punitivas en los movimientos sociales. Los feminismos, los antirracismos y el movimiento LGTBI+ a examen

> La libertad y la autonomía no se consiguen con castigos y penalización, sino con un tipo de subjetividad que hay que desarrollar.
>
> Tamar Pitch[1]

¿Por qué decimos que desde los movimientos feminista, LGTBI+ y antirracista se está contribuyendo en muchos casos a impulsar el fortalecimiento del sistema penal —más policía, más código penal, más cárcel—? Para contestar a esta pregunta conviene analizar, por un lado, algunas leyes paradigmáticas —en concreto, la conocida como Ley del solo sí es sí y los llamados delitos de odio— y , por otro, ciertas prácticas de abordaje de las violencias y conflictos en los espacios de movimiento.

Punitivismo en las leyes demandadas desde los movimientos sociales

Respecto a las violencias sexuales ejercidas contra las mujeres es importante recordar que la Ley del solo sí es sí,[2] promovida desde el feminismo institucional como supuesta garantía del consentimiento en las interacciones sexuales, no fue contestada, en general, por los feminismos de base, autónomos o autoorganizados, pese a sus elementos

---

[1] Deborah Daich y Cecilia Varela (Coord.), *Los feminismos ante la encrucijada del punitivismo,* Buenos Aires, Biblos, 2021, p. 68.
[2] Esta es la forma en que popularmente se conoce la Ley Orgánica 10/2022, de 6 de septiembre, de garantía integral de la libertad sexual.

punitivos. En Madrid, este silencio acrítico puede explicarse por las relaciones de lealtad afectiva entre activistas de algunos ámbitos feministas y representantes institucionales autoerigidas en abanderadas del feminismo progresista. De forma más general, la falta de reacciones críticas también puede entenderse desde el hartazgo generalizado respecto de las violencias sexuales y de una legitimación popular que aún opera como mandato social de silencio, esa suerte de lección interiorizada por las propias mujeres de que lo que viven como agresión no importa y de que conviene callarlo. Cabría hablar además de una percepción de impunidad, en el sentido de que los daños resultantes de las violencias sexuales no obtenían respuesta social suficiente y de que, en consecuencia, ni se iban a poner en marcha los medios necesarios para prevenirlas, ni se pensaban dirimir las responsabilidades esenciales para hacer justicia y tender a su eliminación. Sin embargo, como se explica en el artículo del colectivo feminista Cantoneras «La hegemonía de la clase media en el último ciclo feminista»,[3] la respuesta legislativa en términos punitivos acarrea más problemas de los que resuelve.

Pese a la incorporación de algunos aspectos positivos (como la posibilidad de activar medidas de protección sin necesidad de denuncia previa), la Ley del solo sí es sí construye nuevos delitos como el acoso callejero, facilita medidas cautelares más duras, obstaculiza el acceso al tercer grado y prohíbe la mediación. El argumento más esgrimido en favor de esta Ley fue el de que ponía el consentimiento en el centro. Pero conviene aclarar que la libertad sexual ya estaba protegida por las leyes penales[4] y, de cara a evitar procesos de revictimización, los cambios introducidos en el derecho penal por esta norma no pueden modificar una premisa fundamental del derecho en una democracia parlamentaria: la presunción de inocencia. Esto significa que la parte acusada (presunto culpable) es inocente mientras no se demuestre lo contrario y que la parte demandante (víctima afirmada) debe probar los hechos inculpatorios.[5] Quizá habría que analizar buena parte del debate suscitado por la ley en los términos de la instrumentalización de una necesidad real —la de proteger a las mujeres frente a las agresiones sexuales así como la de acompañar a las presuntas víctimas en procedimientos judiciales que pueden resultar muy dolorosos—, en el sentido de usar la bandera del feminismo para ganar prestigio político pero sin resolver lo irresoluble —la presunción de inocencia de un derecho garantista—, ni acometer una apuesta feminista de mucho

---

[3] Colectivo Cantoneras, «La hegemonía de la clase media en el último ciclo feminista», en *La restauración de la normalidad. Cuadernos de Estrategia*, núm. 1, 12 de enero de 2024.
[4] Como se explica con mucha solvencia en el artículo de Yolanda Rueda, Amaya Olivas y VVAA, «Por un derecho penal sexual no punitivista», *Diario.es*, 28 de junio de 2019.
[5] Yolanda Rueda y José Manuel Ortega Lorente, «Los falsos dilemas de la ley del sólo sí es sí», disponible en internet en el blog de Salvador López Arnal.

mayor calado —y más costosa en términos presupuestarios— contra las violencias de género: el combate de las causas estructurales del machismo.

Este tipo de legislación tiene además una sombra alargada. Al proyectarse sobre la sociedad como una ley fundamental, favorece una subjetividad colectiva que tiende a desvincular las violencias sexuales del resto de violencias. El problema de este tipo de asunciones, como nos han enseñado los feminismos negros y marxistas, es que no cabe analizar las violencias sexuales sin enmarcarlas en las condiciones materiales y simbólicas en las que operan. Para combatir buena parte de las violencias sexuales actuales, lo principal es, en efecto, luchar contra el sistema de fronteras y las condiciones de explotación y apropiación de un mercado laboral marcado por la división de género. Estas son las relaciones de poder estructurales que hacen que la violencia machista, también la sexual, sea mayor para aquellas mujeres que tratan de atravesar fronteras o intentan buscarse la vida sin papeles; para las trabajadoras domésticas internas, las peonas del campo con contratos en origen, las camareras de piso o las mujeres trans.

La Ley del solo sí es sí ha contribuido, por último, a la instauración de un sentido común castigador que da por hecho que el código penal garantiza más protección a las mujeres. Se trata de una idea peligrosamente falsa. Al poner todo el peso en las instituciones policiales, judiciales y penitenciarias olvida que estas afectan de forma desproporcionada a los sectores sociales más empobrecidos. Así, entre los vigilados, juzgados y condenados, los hombres más pobres, extranjeros, musulmanes (o leídos como extranjeros o musulmanes) siempre van a estar sobrerrepresentados debido, entre otras razones, al sesgo de clase de jueces y juezas. Además, como recuerda la investigadora y activista abolicionista Gwenola Ricordeau,[6] las mujeres de las clases populares tienen poco o nada que esperar del sistema penal, a la vez que se ven afectadas por el mismo de manera específica: en tanto victimizadas, por la falta de reparación; judicializadas, dado que las más castigadas son las mujeres empobrecidas y las trans; y en tanto allegadas y familiares de hombres presos (el 92,9 % de la población carcelaria en España son hombres),[7] mientras soportan mayoritariamente el peso económico, afectivo y estigmatizante de la prisión.

En el campo de las violencias denunciadas desde los movimientos antirracistas y el movimiento LGTBI+, el paradigma del marco de abordaje punitivo se concreta particularmente en los delitos de odio. Los delitos de odio propiamente dichos vienen definidos en el artículo 510 del Código Penal. Además, según el artículo 22.4 del

---

[6] Gwenola Ricordeau, *Pour elles toutes. Femmes contre la prison*, Chico (California), Lux Editeur, 2019 (próxima publicación en castellano en la editorial Katakrak).
[7] Datos del Consejo General del Poder Judicial (CGPJ), a diciembre de 2023.

mismo Código, el odio es considerado una agravante de cualquier delito en caso de que este se haya cometido «por motivos racistas, antisemitas, antigitanos u otra clase de discriminación referente a la ideología, religión o creencias de la víctima, la etnia, raza o nación a la que pertenezca, su sexo, edad, orientación o identidad sexual o de género, razones de género, de aporofobia o de exclusión social, la enfermedad que padezca o su discapacidad, con independencia de que tales condiciones o circunstancias concurran efectivamente en la persona sobre la que recaiga la conducta».

Desde la entrada en vigor de los delitos de odio, las asociaciones y ONG dedicadas a defender los derechos de las personas extranjeras, migrantes, racializadas y/o LGTBI+ han tendido a centrar buena parte de sus discursos y acciones en el impulso de denuncias relativas a conductas racistas y homófobas. La red de activistas Poder Migrante, por ejemplo, a partir de los datos presentados por el Ministerio de Interior sobre el incremento en un 33 % de los delitos de odio en 2023 respecto del año anterior nos interpela en su web con una pregunta pertinente: «¿Qué puedes hacer tú para frenar el racismo?». Y a modo de respuesta nos propone cinco acciones para frenar estos delitos.[8] Entre estas están «Denuncia cualquier delito de odio que presencies» y «Exige a tus representantes políticos que impulsen leyes más duras contra los delitos de odio». Partiendo de la misma preocupación por la extensión del racismo y de la xenofobia y, por lo tanto, por las agresiones, explotaciones, abusos y violencias asociados a ella, la ONG SOS Racismo interpela a través de la red social X[9] a Pedro Sánchez, actual presidente del gobierno español, exigiendo la aprobación de una ley antirracista. Esta demanda se refiere a la propuesta de Ley presentada el 15 de marzo de 2024 por el Grupo Parlamentario Mixto,[10] que, más allá de su cuestionable necesidad legislativa —habiéndose aprobado en 2022 la Ley 15/2000 de 12 de julio, básicamente justificada como respuesta a la misma problemática social de desigualdad por motivos de raza y origen étnico—, incide en la tendencia a engrosar el número de conductas sancionables penalmente. Al igual que la conocida como Ley Mordaza,[11] esta propuesta de ley antirracista establece una tipolo-

---

[8] Poder Migrante, «Los delitos de odio se disparan: 1.606 casos registrados en España en 2023, la mayoría por racismo y xenofobia», *Poder Migrante*, 5 de febrero de 2024.

[9] «Los delitos de odio siguen creciendo el 43 % del total de las denuncias son de racismo y xenofobia. Tengamos en cuenta además la infradenuncia que existe en casos de racismo. ¿Qué espera Sr. Presidente @sanchezcastejon para sacar la #LeyAntirracista?»: tuit publicado desde la cuenta de SOS Racismo Madrid, en la Red social X, 4 de julio de 2024.

[10] Proposición de Ley Orgánica contra el Racismo, la Discriminación Racial y formas conexas de intolerancia, presentada por el Grupo Parlamentario Mixto, 15 de marzo de 2024.

[11] Esta es la forma en que popularmente se conoce la Ley Orgánica 4/2015, de 30 de marzo, de protección de la seguridad ciudadana.

gía de sanciones calificadas como leves, graves y muy graves, penadas con una amplia horquilla de multas económicas. En caso de aprobarse, la única medida que, a nuestro juicio, tendría cierta capacidad de cambiar materialmente las vidas de muchas personas atravesadas por el sistema de extranjería sería la «Regularización de extranjeros que se encuentren en territorio español antes del día 1 de noviembre de 2021».[12] El resto de demandas caen en la constante contradicción de pedir protección a las mismas instituciones que generan buena parte de las situaciones de inseguridad. En este sentido, parece imposible terminar con las redadas policiales de perfil étnico, como proclama la propuesta legislativa, cuando la Ley de extranjería mantiene a miles de personas en situación de irregularidad administrativa. También cabe leer esta norma como un brindis al sol con el objetivo de terminar con la segregación racial en la escuela, cuando la libertad de elección de centros y las políticas lingüísticas en el ámbito educativo están dibujando una fuerte segregación del alumnado por clase social.[13] Por último, tampoco parece factible acabar con una explotación laboral atravesada por el eje racial, cuando el sistema de extranjería, las fronteras y los contratos laborales en origen están precisamente diseñados para abaratar los costes del trabajo.

Otra llamativa contradicción en esta búsqueda de protección a través del Código Penal es que las «minorías» a las que se busca amparar mediante los delitos de odio son precisamente las que sufren con mayor dureza los hostigamientos policiales, las penas de privación de libertad y la violencia institucional en general. Pensemos en las personas migrantes pero también en aquellas que, aunque españolas, son vistas como extranjeras o construidas como racializadas por su color de piel, su etnia gitana, su origen árabe o su cultura musulmana; pensemos, asimismo, en personas precarizadas y empobrecidas como las trabajadoras sexuales y, por supuesto, en todas las insumisas al sistema sexo-género patriarcal: trans, maricas, lesbianas o disidentes de género: porque es precisamente sobre estas minorías sobre quienes se cierne de un modo más implacable el sistema de control y penal. De esta forma, cuando una ONG antirracista tan relevante como SOS Racismo critica en 2018[14] una propues-

---

[12] Así se recoge en la Disposición transitoria única de la Proposición de Ley Orgánica contra el Racismo: «El gobierno, mediante Real Decreto, establecerá, en el plazo de 6 meses, un procedimiento para la regularización de los extranjeros que se encuentren en territorio español antes del día 1 de noviembre de 2021».

[13] Sobre los efectos de segregación de clase atravesados por el eje racial de las políticas lingüísticas, cabe leer, para el caso de los centros educativos de Navarra, el artículo de Armando Cuenca, «La educación pública navarra segrega», *Hórdago*, 29 de junio de 2022.

[14] «SOS Racismo critica la propuesta de Fiscalía de penas alternativas a la cárcel para los tuiteros condenados por delito de odio», Nota de prensa, Federación SOS Racismo, 11 de septiembre de 2018.

ta de la Fiscalía General del Estado de penas alternativas a la cárcel para unos tuiteros, esta acción política identifica dureza de la pena con mayor protección. Y aquí reside la contradicción, como se está tratando de demostrar, los colectivos a los que se quiere proteger son asimismo los más afectados en términos de mayor criminalización por cualquier endurecimiento del código penal.

«Denunciar es el primer paso para acabar con el odio», se lee en la web de un abogado.[15] En relación con el incremento de las denuncias y de su gestión a través del sistema penal, el CGPJ[16] arroja los siguientes datos: «Uno de cada cinco delitos de odio cometidos en España entre 2002 y 2021 (22 %) tuvo como objeto la orientación y la identidad sexual de las víctimas; los cometidos por su origen racial o étnico representaron el 18,8 %; la ideología, el 15,3 %; y la nacionalidad, el 10,2 %». Las penas asociadas a dichos delitos han sido, según la misma fuente, penas de cárcel en el 33,3 % de los casos. La duración media de estas condenas a prisión es de «un año, un mes y 4 días».

Los datos estadísticos suelen interpretarse como realidades en sí mismas. En este caso, cabría deducir, por ejemplo, que la homofobia genera más rechazo social que el racismo. Sería importante, sin embargo, tener en cuenta algunas premisas a la hora de contextualizar estas lecturas: en primer lugar, las condenas por un delito cualquiera son el final de una cadena de actuaciones del sistema penal precedidas por acciones policiales que se han fijado más en unas conductas que en otras; por unos juzgados que han tendido a condenar más unos comportamientos que otros. Por otro lado, la cantidad de denuncias emitidas depende igualmente de la capacidad de los colectivos concretos de articularlas, de su grado de organización, de la legitimidad social que hayan conseguido alcanzar sus demandas. Otra cuestión no baladí es la necesidad de enmarcar estas violencias en un país que se caracteriza por su baja tasa delictiva: el Estado español es uno de los países con una de las tasas de delitos más bajas de Europa (48,8), lo que equivale a decir que es una de las más bajas del mundo. Además, cuando tratamos de curar la enfermedad —relaciones de poder estructurales—, apuntando solo a su síntoma —violencias protagonizadas por individuos concretos—, las cifras de las condenas terminan blanqueando el funcionamiento real de las instituciones en su calidad de productoras y reproductoras de las injusticias socioeconómicas y culturales, las cuales pueden terminar expresándose en violencias ejercidas por determinados individuos contra sectores sociales previamente subalternizados. Por último, el alto porcentaje de penas de cárcel para las

---

[15] «¿Qué es el delito de odio? ¿Qué penas conlleva?», en *Antolino Advocats*.
[16] «La orientación o identidad sexual de la víctima fue el motivo más frecuente de los delitos de odio cometidos en España entre 2002 y 2021», *Poder Judicial España*, 13 de marzo de 2024.

personas condenadas no nos parece realmente el mejor camino para prevenir y minimizar este tipo de agresiones.

Al igual que los principales espacios organizados en torno al antirracismo, buena parte de los colectivos en defensa de los derechos de las personas LGTBI+ (observatorios, plataformas, asociaciones) han apostado por los delitos de odio como dispositivo de protección frente a las violencias específicamente dirigidas a personas no heterosexuales o disidentes de género. El problema es real. Sigue habiendo injusticias socioeconómicas y culturales que dificultan de forma específica las vidas de quienes quedan fuera de la heteronorma y del mandato patriarcal de género. Y el objetivo es necesario: prevenir dichas injusticias, proteger a quienes las padecen, hacer responsables a quienes las llevan a cabo. De nuevo, como en el caso del racismo, si bien las buenas intenciones pueden explicar la empresa punitiva, la diferencia entre lo perseguido y las posibilidades de alcanzarlo con los mecanismos puestos en marcha no son capaces de justificarla. Por eso, las reflexiones que cabe hacer son parecidas. Así, cuando se insiste en que las denuncias que se presentan solo visibilizan una mínima parte de las violencias que ocurren, quizá habría que preguntarse las razones por las cuales las personas de la clases sociales menos favorecidas que se identifican como maricas, lesbianas o trans no terminan de acudir a una comisaría. Tampoco está de más empezar a imaginar nuevas formas de sanar a las personas queer por los daños infringidos. Probar, por ejemplo, con prácticas más centradas en acompañar sus malestares y en resolver las consecuencias de los perjuicios sufridos, y menos en la búsqueda del aislamiento en prisión de sus agresores. Si el objetivo es transformar tanto la lgtbifobia de una persona concreta como la lgtbifobia social, el desafío político no debería pasar —o no exclusivamente— por castigos penales, sino por emprender acciones políticas tendentes a socavar las relaciones de poder que siguen relegando a los márgenes a las personas insumisas a los mandatos patriarcales y, muy en especial, a las personas trans: conflictos laborales, reconocimiento de derechos laborales para las y los trabajadores sexuales, señalamientos de las violencias del sistema de salud o desobediencias ante las imposiciones de identificación sexogenéricas —desde la inscripción del sexo del recién nacido en el registro civil hasta la separación por sexos en los ámbitos educativos o deportivos—, podrían ser algunas posibilidades de actuación.

Punitivismo en las formas de afrontar conflictos en los espacios de movimiento

Hasta ahora hemos analizado cómo en algunos de los principales movimientos sociales, en concreto, en los movimientos feminista, LGTBI+ y antirracista, algunos espacios, colectivos y/o voces con capacidad de interpelación en la esfera pública han impulsado e, incluso, reivindicado cambios legislativos que, más allá de sus buenos propósitos, están sirviendo para reforzar el sistema penal. Además de estas tendencias punitivas en las demandas realizadas a las instituciones estatales, algunos colectivos y espacios de movimiento también se han plegado en demasiadas ocasiones al marco ordinario de la justicia penal a la hora de afrontar violencias acontecidas en su seno.

Cuando hablamos de colectivos y espacios de movimiento nos referimos a grupos de organización autónoma —no dependientes ni en su financiación ni en su acción ni en sus objetivos de las instituciones estatales— y a lugares —centros sociales, locales, ateneos— donde estas organizaciones —de acción cultural, política, social y económica— nacen, se desarrollan y sostienen en el tiempo.

El marco punitivo del sistema penal del Estado no busca prevenir las violencias sociales ni hacerse responsable de ellas, sino tan solo criminalizar sus efectos. Cuando estos se han declinado en daños interpersonales, la operación punitiva se lleva a cabo buscando una parte culpable —a la que castigar— y una parte inocente —a la que retribuir—, esta forma de proceder se ha convertido muchas veces en el paradigma de abordaje de los perjuicios sufridos en espacios de movimiento. Cuando esto ocurre, no solo se aplica con demasiada frecuencia una forma vengativa de afrontar los daños, sino que también se hace de un modo aún menos garantista —respecto de la posibilidad de defenderse del «culpable» y de sanarse de la «víctima»— que en los juicios de los tribunales ordinarios.

El exceso punitivo suele manifestarse, en especial, en dos fases concretas de la solución penal autoorganizada; tomando la nomenclatura jurídica, estas serían la fase de instrucción y la de asignación de la pena.

En la justicia penal ordinaria, la instrucción designa el periodo dedicado a investigar los hechos denunciados y las circunstancias que los han rodeado. Las relaciones de poder están inscritas en todos los dispositivos del sistema penal, desde la vigilancia policial hasta la disposición de los actores en la sala del juicio, pasando por las propias leyes. La justicia ordinaria parte, no obstante, de la presunción de inocencia. Lo cual significa que un hecho denunciado ha de probarse sin margen de duda. Por el contrario, en los espacios de movimiento esta presunción de inocencia se pasa demasiadas veces por alto. En los casos de agresiones machistas, por ejemplo, esto ha tenido que ver en muchas ocasiones con un malentendido respecto de la consigna feminista «hermana yo sí te creo». La potencia de este lema reside en que subvierte siglos de mandato de silencio patriarcal respecto de las agresiones machistas, una invisibilización que se propone romper mediante la fuerza de la sororidad feminista. El problema viene cuando se aplica de un modo literal: cuando el compromiso feminista de escucha, apoyo y respeto —frente al machismos clásico de no tener en cuenta los malestares de las mujeres— se convierte en un acto de fe. La palabra de una persona se convierte así en verdad absoluta por el mero hecho de ser la voz de una mujer y de que el acto que denuncia sea una agresión sexual. Se renuncia entonces a preguntar tanto a la persona supuestamente dañada como al presunto agresor, así como a todas las personas del entorno susceptibles de aportar testimonios iluminadores sobre los hechos concretos y sus circunstancias. La renuncia a saber conlleva una infravaloración también de otro problema central: la escala del perjuicio. Más allá de su componente subjetivo, hay daños que tienen más calado y parecen más irreversibles que otros, al menos en lo que se refiere a las consecuencias que acarrean o la menor o mayor cantidad de las personas afectadas; también de la mayor o menor posibilidad de retribuir o reparar sus efectos.

Pongamos el ejemplo de una agresión racista. Si un colectivo o persona autodesignado como racializado impugna la asamblea de un centro social por un comportamiento racista, puede llegar a bastar con un comunicado de denuncia genérica en una red social para que esa acusación tiña la reputación de todo el centro social y justifique su boicot sin que se abra un mínimo proceso de exploración de lo acontecido; sin que se haya al menos intentado aclarar los hechos que justifican la acusación, analizado sus repercusiones específicas o exigido a los supuestos agresores alguna explicación sobre los actos impugnados. Sobre estos cimientos no parece fácil implementar formas de reparación y de restauración de daños capaces de prevenir su reproducción o de sanar a las personas ya perjudicadas.

En la justicia ordinaria, las penas están asimismo sujetas —al menos teóricamente— a diferentes principios: el de legalidad, por supuesto, o el de presunción de inocencia, pero también otros como el de proporcionalidad y el de igualdad. En lo que se refiere a estos dos últimos, los espacios de movimiento pueden resultar especialmente castigadores cuando, al hacerse cargo de un problema, renuncian a calibrar la dimensión del perjuicio acaecido. A partir de esta renuncia, la proporcionalidad se antoja un principio inaplicable. De este modo, una compañera o compañero acusados por una agresión sexual, racista u homófoba sobre la base del testimonio de la parte perjudicada y sin mayores pesquisas, puede ser condenado a un castigo impuesto a perpetuidad por un daño cuya magnitud no se ha tomado el tiempo de analizar. Si en estas circunstancias se ha decidido, por ejemplo, expulsarlos de los ámbitos comunes (asamblea, local, espacios de ocio frecuentados por la parte agredida) y este ostracismo se convierte en definitivo, es importante tener en cuenta las consecuencias materiales y subjetivas de un abandono que puede dejar a los antes compañeros o compañeras sin el apoyo mutuo imprescindible para, por ejemplo, defender su vivienda, detener un proceso de expulsión por no tener papeles o, caso de tratarse de una persona trans, ponerse a salvo de una sociedad fundamentalmente tránsfoba. No se está tratando aquí de hacer un juicio moral de las decisiones tomadas en los espacios autoorganizados, muchas veces imprescindibles para hacer respetar acuerdos mínimos de convivencia que garanticen su sostén. Lo que se pretende señalar es que la demanda de responsabilización ha de tratar de ajustarse todo lo posible a la dimensión del agravio y que si alguien traspasa en algún momento los límites soportables de un colectivo, esto quizá no justifique una cancelación hasta el final de los tiempos.

Por último, en lo que se refiere al principio de igualdad en la gestión de un conflicto intracomunitario sería importante desplegar procedimientos que aseguren que las personas que denuncian violencias y las señaladas como agresoras se beneficien de iguales garantías para hacer valer su verdad, su percepción de los hechos, su valoración sobre lo sucedido, sus propuestas sobre cómo afrontar la cuestión y dar cuentas de ello; y esto no solo ante las personas directamente implicadas, sino también ante el espacio colectivo afectado.

Son varios los factores que pueden contribuir a explicar estas tendencias punitivas en los espacios de movimiento: el miedo a que una agresión destroce el colectivo; la falta de recursos —de tiempo, en particular— para hacerse cargo del largo y costoso proceso que supone afrontar agravios de calado; el hecho de haber pasado en poco tiempo de la invisibilización de muchas violencias —machistas, racistas, homófobas, capacitistas, etc.— a la intención de abordarlas todas pero con pocas herramientas, conocimientos y experiencia. Como dice Elsa Deck Marsault, militante queerfeminista cofundadora de *Fracas* —colectivo dedicado a la resolución de conflictos y violencias interpersonales e intracomunitarias— «si es necesario poner en tela de juicio aquello que hacemos peor» es precisamente porque estos espacios son «capaces de lo mejor».[17]

II. ¿De dónde viene el apego al código penal? Clase, luchas identitarias y capitalismo neoliberal

Como es sabido, a finales de la década de 1970 y principios de la de 1980, las economías capitalistas trataron de aliviar la caída de las tasas de beneficio con los tratamientos neoliberales prescritos por Thatcher y Reagan. A la par de este giro neoliberal, en el campo político

---

[17] «Et c'est justement parce que nous sommes capables du meilleur qu'il faut interroger ce que nous faisons de pire», en Elsa Deck Marsault, *Faire justice. Moralisme progressiste et pratiques punitives dans la lutte contre les violences sexistes*, París, La Fabrique Éditions, 2023, p. 13 (traducción propia).

organizado por fuera de las instituciones del Estado comenzaron a dibujarse en los países centrales de la economía-mundo tres tendencias entrelazadas: la preeminencia de las luchas por el reconocimiento respecto de las luchas por la distribución; el arrinconamiento consecuente de los objetivos comunes respecto de la centralidad cada vez mayor de las luchas identitarias; y unas demandas políticas cada vez más decantadas hacia la integración —y menos hacia la transformación—. El trasfondo político común de estas tres corrientes sería el efecto espejo entre las mesocracias características de las democracias liberales occidentales —hoy en crisis[18]— y unas formas de organización del conflicto que, tras la derrota de las luchas obreras y el abandono de la utopía comunista, comienzan a responder cada vez en mayor medida a los intereses de las clases medias. En este sentido, la clase media ya no sería solo la clase del Estado, como la define el historiador y analista político Emmanuel Rodríguez,[19] sino también el instrumento de naturalización del capitalismo, como lo piensa la activista y teórica política Wendy Brown.[20] Vamos por partes.

En primer lugar, en el tránsito progresivo y desigual de las luchas anticapitalistas desde un nosotros universalista —la clase obrera— sobre la base de un horizonte común de transformación socialista, a la fragmentación en las llamadas luchas identitarias emergen, por un lado, una crítica radical que conviene rescatar y, por otro, un aporte a la subversión política que interesa actualizar. En el llamado posfordismo, el trabajo —la contraparte del capital— se define desde un nosotros cimentado sobre exclusiones latentes. Cuando hablamos de sujeto obrero, este se asocia tradicionalmente —y sobre todo antes de la irrupción de los movimientos descoloniales y de las luchas por los derechos civiles, pacifistas, feministas y anticapitalistas de finales de la década de 1960— a un sujeto masculino, blanco, occidental —europeo y estadounidense— y en ocasiones cristiano. Cuando la vieja clase obrera va perdiendo su fuelle subversivo para plegarse y aspirar al ideal burgués —domesticación facilitada por la pérdida de formas de vida compartidas y la gran transformación económica resultante de la receta keynesiana y el pacto capital-trabajo de los Estados del bienestar—, los discursos y cuerpos que se sublevan frente al nuevo arreglo capitalista lo hacen, de forma muy destacada, desde el feminismo y la lucha por los derechos civiles. Esta nueva irrupción de la

---

[18] Sobre las hipótesis del declive del neoliberalismo puede consultarse *El declive del neoliberalismo. La crisis de la solución a la crisis*, Cuadernos de Estrategia, núm. 2, noviembre de 2024.

[19] Emmanuel Rodríguez López, *El efecto clase media. Crítica y crisis de la paz social*, Madrid, Traficantes de Sueños, 2022.

[20] Wendy Brown, *Estados del agravio. Poder y libertad en la modernidad tardía*, Madrid, Lengua de Trapo, 2019.

raza y del género como ejes de las luchas incorpora importantes desplazamientos en el campo de los antagonismos: por un lado, en relación al desvelamiento de las exclusiones invisibilizadas en el universal obrero precedente; por otro, en relación a la introducción de nuevas exigencias y agencias en los proyectos emancipatorios. Por los lugares específicos en los que la expropiación, apropiación y explotación del trabajo había colocado históricamente a mujeres, disidentes de género e individuos no blancos, su emergencia en tanto sujetos políticos de los movimientos sociales supone la incorporación al campo del conflicto de todas las injusticias económicas y culturales derivadas de la división sexual del trabajo —luchas por el salario doméstico—,[21] la división internacional y racial del trabajo —luchas anticoloniales, luchas por los derechos civiles—, la subversión del deseo —luchas contra la norma heterosexual y su imperativo familiarista— y el propio rechazo al trabajo alienado y a la normopatía social —expresado, por ejemplo, en las luchas postoperaístas en Italia o en las de los nuevos vecinos anglocaribeños en Gran Bretaña—.[22]

Por lo tanto, a finales de la década de 1960, la emergencia de nuevos agentes de cambio político —mujeres, disidentes de género, comunidades negras— había logrado rescatar la crítica radical de un economicismo estrecho con el fin de visibilizar, siempre en coyunturas históricas muy específicas, otros modos de vivir la clase, en concreto, desde la raza y el género. Sin embargo, a partir de la década de 1970 y en paralelo al despliegue de las políticas neoliberales, los anhelos subversivos de estos nuevos protagonistas de las luchas muy pronto constreñidos en los denominados movimientos sociales (movimiento feminista, antirracista, LGTBI+, etc.) comienzan a ser relegados a un segundo plano. En palabras de la teórica y feminista Nancy Fraser, «habíamos cambiado un paradigma truncado por otro: un economicismo truncado por un culturalismo truncado».[23] Así, cuando hablamos de preeminencia de las luchas por el reconocimiento respecto de las luchas por la distribución, nos referimos, echando mano del aparato

---

[21] Sobre las luchas por un salario para el trabajo doméstico, cabe leer, entre otros, Silvia Federici y Arlen Austin, *Salario para el trabajo doméstico. Comité de Nueva York 1972-1977. Historia, teoría y documentos*, Madrid, Traficantes de Sueños, 2029 y Mariarosa Dalla Costa, *Dinero, perlas y flores en la reproducción feminista*, Madrid, Akal, 2009.

[22] Sobre el atraco como forma del rechazo al trabajo y de protesta de la juventud de las comunidades afrocaribeñas en el Reino Unido durante las décadas de 1960 y 1970, se recomienda aquí la lectura tanto de *Gobernar la crisis. Los atracos, el Estado y la ley y el orden*, de Stuart Hall y VVAA, Madrid, Traficantes de Sueños, 2024; como un resumen de sus hipótesis en el capítulo 5 de *Identidades mal entendidas*, de Asad Haider (Madrid, Traficantes de Sueños, 2020, p. 148) en el que escribe: «El rechazo al trabajo es crucial, ya que ataca directamente al capital. Significa que este sector de la clase se niega a entrar en competencia con aquellos que ya están en el trabajo productivo».

[23] Nancy Fraser, *Fortunas del feminismo*, Madrid, Traficantes de Sueños, 2015.

conceptual de Fraser, a la incapacidad de los movimientos sociales de resolver el dilema entre la afirmación de las diferencias (de género, de raza, de identidad sexual) y la transformación de las estructuras económicas y las jerarquías de reconocimiento cultural que las producen y reproducen. En otras palabras, las demandas de los movimientos antirracistas, LGTBI+ y feministas se han ido aferrando a sus identidades diferenciales como palanca para exigir la reparación de las discriminaciones que sitúan a ciertos sectores de población en posiciones francamente desfavorables en términos de justicia económica y de justicia cultural. Así pues, los discursos y prácticas de buena parte de los movimientos identitarios comenzaron a priorizar el objetivo de la integración dentro del *statu quo* —iguales salarios para las mujeres y las personas de color, ruptura de los techos de cristal, paridad y multiculturalidad en términos de género y de raza— por encima del horizonte de la composición de clase. Se fue relegando así la construcción de sujetos de lucha complejos, forjada en torno a conflictos capaces de recoger objetivos comunes de las poblaciones más afectadas —económica y subjetivamente— por las jerarquizaciones, fundamentalmente de raza y género, siempre funcionales a la acumulación capitalista.

Pero ¿dónde había que integrarse? En un lugar imposible, en realidad, ubicado en un pasado idealizado, donde un capitalismo de consenso —el capitalismo del Estado del Bienestar, el capitalismo «bueno»— parecía el mecanismo capaz de resolver una contradicción radical —la generación de desigualdades y jerarquías como combustible necesario en la hoguera de la acumulación de beneficio— y de alimentar una capacidad de integración infinita. De este modo, como explica Wendy Brown,[24] las identidades basadas en el ser y no en el deseo tienden inevitablemente a mirar el pasado que las construye como excluidas; a la afirmación del dolor que esencializa tanto su existencia como la del enemigo. Y es aquí donde la declinación de buena parte de las luchas emancipadoras de finales de la década de 1960 en unas políticas de la identidad neoliberales que arrancan a finales de los años setenta se conectaría, de acuerdo a la hipótesis que este texto pretende defender, con las tendencias victimizadoras y punitivas que han ido tomando terreno en los movimientos sociales contemporáneos.

La sustitución del deseo común de transformación por la competencia en la integración y la renuncia a construir una clase bastarda, queer, refractaria a las seguridades esencialistas, amante de las metamorfosis y absolutamente disfuncional respecto del orden y la ley de la propiedad capitalista serían, a la vez, síntomas y consecuencias de una deriva conservadora de unos movimientos sociales cada vez más alineados con los intereses de la clase media. Una clase media de mujeres

---

[24] Wendy Brown, *Estados del agravio. Poder y libertad en la modernidad tardía*, Madrid, Lengua de Trapo, 2019.

que aspiran, sobre todo, a la igualdad con los hombres de su clase. Una clase media de personas negras que sueñan, principalmente, con la igualdad respecto de las personas blancas de su clase. Una clase media de personas «LGBI+» (sin la «T» y sin la «Q») que anhelan mayormente su aceptación en el orden establecido «como si el matrimonio igualitario pudiera comenzar a ejercer alguna fuerza subversiva sobre la institución o como si el soldado abiertamente gay pudiera queerizar el acto de matar enemigos en el extranjero», tal y como escribe, con no poca mala baba, el historiador y activista queer Christopher Chitty.[25] Incluso una clase media gitana cuya máxima aspiración también empieza a reducirse a la igualdad con las personas payas de su clase.

Con la eliminación de la «T» y la ausencia de la «Q» en la sigla «LGBI+» se pretende señalar la excepción paradigmática de lo trans y, sobre todo, de lo queer en el giro conservador de unas políticas de la identidad pacificadas por la pulsión integracionista de las clases medias. Para ilustrar esta excepción es significativo observar cómo, entre la cascada de decretos firmados por Trump durante el show de su toma de posesión como cuadragésimo séptimo presidente de Estados Unidos, uno de ellos promulga la vuelta —por ley— a la esencia patriarcal, esto es, a la construcción del binomio de género. Según el decreto del presidente, en EEUU solo hay hombres y mujeres.[26] De un plumazo Trump conjuga en una misma negación —el rechazo a lo trans— a todas las fuerzas de las nuevas derechas radicales contemporáneas, tan desarmonizadas, sin embargo, en el resto de cuestiones relativas a las políticas de género y sexuales.[27] Porque si hay algo capaz de destruir el par hombre-mujer es precisamente lo trans, en tanto forma de existencia real de muchas personas pero, sobre todo, lo queer, en términos de propuesta política universalista.

Si observamos el porcentaje real actual de mujeres y hombres trans tanto en Estados Unidos como en España —esto es, el 1,1 %[28] y el 4 %[29] de sus respectivas poblaciones— resulta llamativo el pánico moral que suscitan unas minorías tan estrechas. Si por el contrario pensamos en la potencia de ruptura que alberga en su seno la perspectiva queer, en tanto proyecto de destrucción de las categorías que

---

[25] Christopher Chitty, *Hegemonía sexual. Política, sodomía y capital en el surgimiento del sistema mundial*, Madrid, Traficantes de Sueños, 2023, p. 266.
[26] «Keeping Men Out of Women's Sports», en *The White House*, Orden Ejecutiva, 5 de febrero de 2025.
[27] Nuria Alabao y Pablo Carmona, «El gobierno de la decadencia de Europa. Crisis, integración y nueva derecha radical», *El declive del neoliberalismo. Cuadernos de Estrategia*, núm. 2, 2024.
[28] «What percentage of the US population is transgender?», en *USA Facts*, 12 de febrero de 2025.
[29] «El mapa LGTBI: el 14 % de la población española pertenece al colectivo, el segundo dato más alto a nivel global», *Newtral*, 1 de julio de 2023.

hoy sostienen las relaciones de poder sexistas —lo cual no significa en absoluto dejar de señalar y organizar conflictos en torno a las injusticias generadas por tales relaciones de poder—, la transfobia, tanto de las fuerzas conservadoras y reaccionarias como de determinados feminismos, resulta mucho más fácil de entender. Emanciparnos del par hombre-mujer es, por un lado, un ataque a la línea de flotación capitalista que aún sigue siendo la familia. Liberarnos de tales categorías históricas es, además, —de ahí las resistencias desde el feminismo neoliberal— pensar la identidad «como potencialmente en movimiento, como temporal, como no yo, como deconstruible de acuerdo con una genealogía del deseo más que como intereses o experiencias fijas».[30]

La subversión que entraña la búsqueda de objetivos compartidos, la sustitución de «la gramática del soy» por la del «quiero esto para nosotros»;[31] la gramática del nosotros, de la queerificación de las identidades, no solo haría estallar los límites de las políticas identitarias en el campo del feminismo, sino también en el del antirracismo. Quizá habría aquí que recuperar la potencia compositiva y subversiva del término mestizaje en tanto objetivo político de composición de clase entre poblaciones autóctonas y alóctonas. Apostar por aleaciones políticas que aspiren a desnaturalizar los marcos identitarios funcionales al capital y construidos en torno a las categorías de raza y género —poniendo precisamente en el centro de sus luchas las injusticias generadas por tales categorías— significa ir contra y más allá de las políticas de integración —y, por lo tanto, de la priorización, en los movimientos sociales, de las demandas igualitarias al Estado—; de las políticas del agravio —y, por lo tanto, del estancamiento de parte de los movimientos sociales en posiciones victimizadoras, culpabilizadoras y, en consecuencia, punitivas—; y de las políticas de la comunicación, las redes y el sobredimensionamiento de la palabra —y, por lo tanto, de la impotencia de las políticas del decir desatadas de las políticas del hacer—.

III. ¿Por qué el punitivismo supone tirar piedras contra el tejado de proyectos de justicia contra y más allá del capitalismo y el Estado? Individualización, victimización y alienación respecto del conflicto

El punitivismo es la forma de abordar los conflictos del Estado liberal o, si se prefiere, la manera de entender y aplicar la justicia de la modernidad capitalista. Como se viene analizando en este texto, en los movimientos sociales se está tomando muchas veces el peligroso atajo de las respuestas punitivas en un doble sentido: por un lado, se demandan soluciones punitivas al Estado y, por otro, se aplica un marco

---

[30] Wendy Brown, *Estados del agravio...*, p. 161.
[31] Ibídem, p. 160.

punitivo con el fin de abordar los conflictos en los propios espacios autoorganizados. Esta deriva punitiva desencadena procesos de individualización, victimización y alienación respecto del conflicto, los cuales nos desvían del objetivo de justicia transformadora.

En tanto paradigma del conflicto, el enfoque punitivo estatal genera la triada delito-víctima-culpable en la que nada, ni siquiera el género gramatical de los términos, resulta inocente. En este sentido, los daños convertidos en delitos por los desarrollos legislativos penales, que ya hemos considerado, tienen que ver, sobre todo, con violencias físicas y verbales —agresiones sexuales, homófobas y raciales, incluido el asesinato—, motivadas por prejuicios —machistas, homófobos, racistas— y un afecto de odio: odio a las mujeres, a las personas racializadas o a quienes disienten de la heteronorma. No se trata aquí, obviamente, de poner en cuestión que agredir y matar sean daños a prevenir, afrontar y mitigar, sino de si la mejor forma de hacerlo es descontextualizarlos de las relaciones de poder estructural en las que se producen. Los estigmas, sentimientos de rechazo, infravaloración e, incluso, deshumanización que pueden empujar a alguien a agredir e incluso a terminar con la vida de otra(s) persona(s) no son afectos que surgen de la nada. El odio es un vínculo muy fuerte y en los casos que abordamos (machismo, homofobia, racismo) se enmarca en un contexto de relaciones de desigualdad estructural que colocan a una serie de personas por debajo de otras.

En los casos que nos ocupan, tanto las mujeres como las personas no leídas como suficientemente masculinas o femeninas (maricas, lesbianas, trans) y las personas racializadas (en el Estado español, de manera muy específica, las personas gitanas y musulmanas) han sido históricamente puestas en situaciones de desventaja social, tanto en lo relacionado con las condiciones materiales de vida —vía división sexual e internacional del trabajo y merced a los actuales sistemas de frontera—, como en lo que concierne a su reconocimiento cultural —denigración de lo femenino, lo homosexual, lo trans o lo no blanco-cristiano-payo—. El género y la raza, así como la heterosexualidad en tanto relación de reproducción social hasta ahora privilegiada y, por lo tanto, institucionalizada mediante la familia y el contrato matrimonial, son constructos culturales absolutamente funcionales a las relaciones de poder capitalistas. Por un lado, hacen posible la explotación y la apropiación del trabajo; por otro, generan chivos expiatorios, siempre útiles en tiempos de crisis como el actual para desviar la atención respecto de las verdaderas causas de las dificultades, más o menos graves, más o menos reales o subjetivas, experimentadas por determinados segmentos de población en un momento dado. Estas relaciones de poder desencadenan violencias sistémicas de las que somos testigos cotidianamente.

Por ilustrar esta cuestión con algunos ejemplos relativos al género, en 2022, el salario medio anual de las mujeres fue, según el INE, de 24.359,82 euros y el de los hombres de 29.381,84. Respecto a las tasas de desempleo, con datos del tercer trimestre de 2024, el paro femenino se situaba, en un 12,54 %, reduciéndose a 10,02 % entre los hombres. La diferencia de ingresos redunda en la posibilidad, o no, de acceder a bienes básicos como, por ejemplo, una vivienda. Para las mujeres trans, la situación se agrava si se considera que, según un informe de Médicos del Mundo de 2020, el 80 % de ellas no estaban insertas en el mercado laboral.[32]

En el caso de la migración, la Ley de extranjería obliga a muchas personas residentes en nuestro país a permanecer indocumentadas durante años. Esto las convierte en la mano de obra más y mejor explotable en todo tipo de sectores económicos, al tiempo que las excluye del acceso a servicios públicos básicos como la sanidad. Las personas racializadas, sobre todo si son musulmanas o gitanas, sufren por lo general un control específico por parte de las fuerzas policiales. Esta vigilancia policial tiene efectos criminalizadores —no es difícil pensar que «algo habrán hecho» de personas que vemos un día sí y otro también rodeadas de policías solicitando su documentación o registrando sus mochilas—, además de afectar inevitablemente a su libertad de movimiento y de circulación.

A la luz de estas violencias estructurales resulta pertinente preguntarse si, por ejemplo, una mayor autonomía económica y la posibilidad material de independizarse de parejas maltratadoras no sería más útil a las mujeres —cis o trans— que una denuncia judicial; o si a las personas migrantes no se las protegería mejor contra todo tipo de abusos mediante un acceso igual a bienes y servicios básicos antes que tratar de que lleven a juicio a sus agresores puntuales —algo que no van a hacer, en general, pues la situación de irregularidad no invita a acudir voluntariamente a una comisaría—. En el contexto del sistema de extranjería del Estado español, las personas racializadas agradecerían seguramente la posibilidad de disfrutar de un espacio público más despolicializado. Sin embargo, las demandas legislativas de carácter punitivo contribuyen a ampliar las funciones, recursos y efectivos de las fuerzas del orden. En definitiva, reducir las violencias a una de sus expresiones —las agresiones físicas, sexuales o no— visibiliza la punta del iceberg de las desigualdades estructurales, pero también ayuda a ocultar la responsabilidad del Estado en la producción y reproducción de esas relaciones de poder y sus afectos de odio.

---

[32] «Los prejuicios excluyen a las mujeres trans del mundo laboral», campaña #QueNoTeBrillenLosPrejuicios, en *Médicos del Mundo*, 2020.

La descontextualización de las violencias tiene también una declinación individualizadora y psicologizante de dichas agresiones que contribuye, como se tratará de demostrar, a un proceso de despolitización. Este último opera, por un lado, esencializando constructos culturales y, por otro, alienándonos de nuestra capacidad de autogestionar los conflictos.

En lo que se refiere a la esencialización, el caso paradigmático es el de las violencias sexuales y de género en el que el par culpable / víctima tiende a declinarse en los binomios hombres malos / mujeres buenas o heterosexuales agresivos / homosexuales vulnerables. Olvidarse de que los hombres tampoco nacen, sino que también son producto de determinados mandatos de masculinidad,[33] es tirar piedras contra el tejado de una emancipación universal. Al biologizar las construcciones culturales se cierran las posibilidades de romper el sistema sexo-género patriarcal y de explorar las infinitas posibilidades de estar en el mundo capaces de erosionar las relaciones de poder jerárquicas asociadas a los roles de género. Nos volvemos a confundir de enemigo o, si se prefiere, de problema a combatir. Del lado victimizado, las mujeres y todos los sujetos no leídos como masculinos, o no suficientemente masculinos por su desobediencia a la heteronorma o al modelo de masculinidad imperante (maricas, trans, travestis, queer), son inferiorizados vía feminización. Los hombres que no aceptan los mandatos de la masculinidad patriarcal son así despojados de su capacidad de agencia, también en términos de autodefensa. Del lado de lo feminizado, el daño se disfraza de una acción que siempre se recibe y nunca se produce. Este engaño oculta todas las relaciones de poder que, más allá de la relación patriarcal, permiten a determinadas posiciones (de más renta, derechos o poder social) ejercer violencia sobre otras. En este sentido, las mujeres que contratan empleadas internas tienen mayores posibilidades de abusar —y lo hacen— de sus empleadas domésticas; los hombres homosexuales con posiciones de mando en una empresa tienen más facilidades para explotar —y lo hacen— a sus contratados maricas; las mujeres lesbianas con más autonomía —mayores ingresos, situación administrativa regular— pueden violentar —y lo hacen— a sus compañeras menos favorecidas. No hay sexos, géneros, prácticas sexuales, adscripciones culturales o étnicas que produzcan personas éticamente mejores o peores. Lo que sí hay son construcciones culturales, históricas, de posiciones diferenciales de poder. Si aspiramos a evitar la producción y reproducción de violencias sociales, desmontar estas construcciones parece más atinado que tratar de alcanzar una suerte de salvación social mediante el castigo individual de quienes se aprovechan de ellas para abusar de los demás.

---

[33] Colectivo Cantoneras, «¿Los hombres son violadores en potencia? Esencialización y mandatos de género», *Zona de Estrategia*, 5 de septiembre de 2024.

Otra vía de despolitización generada por la descontextualización de las violencias es la que nos aliena, mediante el par víctima/culpable, de nuestras capacidades, individuales y colectivas de hacernos cargo de los conflictos.

Comencemos por analizar el papel de la víctima. Desde el punto de vista del Estado, la construcción de posiciones victimizadas es una operación altamente rentable. La víctima, individual o colectiva, carece de iniciativa para protegerse a sí misma tanto por incapacidad propia como por falta de alianza con otros. La víctima está sola, tiene miedo y no dispone de agencia. Y así debe ser, pues esta es la situación que hace necesaria la actuación protectora del Estado, que primero fabrica víctimas y luego legisla para salvar a algunas de ellas, ocultando de paso su responsabilidad en la producción de las condiciones materiales y subjetivas que consolidan dichas situaciones de vulnerabilidad. Además, para resarcirse del perjuicio sufrido, la víctima ideal se conforma con una reparación por el daño sufrido.

Pero ¿cuáles son estas víctimas que el Estado instituye para justificar su intervención? Al analizar leyes paradigmáticas como la Ley del solo sí es sí y los delitos de odio, se debe considerar necesariamente la imagen legal de las trabajadoras sexuales y de las personas extranjeras o leídas como tales. En el caso de las trabajadoras sexuales, la principal forma de expropiación de su capacidad de agencia consiste precisamente en su no reconocimiento como trabajadoras. Si el trabajo sexual no es un trabajo, tampoco puede acogerse a los derechos laborales arrancados por las luchas obreras y aún garantizados por el Estado —subsidio de desempleo, pensiones, bajas por enfermedad—. En condiciones de alegalidad, la forma de sobrevivir de quienes realizan servicios sexuales es, por ejemplo, captar a sus clientes publicitándose a través de páginas web. Estos anuncios han sido sin embargo convertidos en actos ilícitos por la Ley de solo sí es sí, con la consiguiente pérdida de autonomía de quienes ejercen como prostitutas, tal y como explica Kenia García, activista del colectivo Prostitutas de Sevilla.[34]

Respecto a las personas extranjeras, en el «Informe sobre la evolución de los delitos de odio en España»[35] cabe leer que los más relevantes son los de racismo y xenofobia (856 hechos delictivos y 41,8 % del total de las denuncias). En el Estado español viven hoy más de medio millón de personas en situación administrativa irregular: los denominados sin papeles. Esta situación impide el acceso a trabajos formales y obstaculiza gravemente la obtención de ingresos y el acceso a bienes y servicios básicos. Pero en vez de derogar la Ley de extranjería y de regularizar a las personas que viven *de facto* dentro de las

---

[34] Kenia García, «Criminalizar la prostitución favorece a los explotadores», *Zona de Estrategia*, 15 de abril de 2024.
[35] Disponible en la web del Ministerio del Interior.

fronteras nacionales, el «antirracismo de gobierno» prefiere ocultar esta violencia estructural haciéndose cargo de sus efectos en forma de abusos y agresiones interpersonales a través de los delitos de odio. Conviene considerar que la policía es una institución racista. Así, según analiza el Informe de 2024 de SOS Racismo,[36] «en el análisis desglosado de los casos de racismo institucional (215 casos), el 83 % de los casos corresponden al racismo policial».

La doble operación estatal de victimización/salvación constituye un *modus operandi* frecuente en este contexto de declive neoliberal. Con unos mecanismos de redistribución de la riqueza cada vez más gripados, los viejos derechos se convierten en desagravios excepcionalmente repartidos, vía derecho penal, entre algunas víctimas. La posibilidad de prevenir daños facilitados por la producción de vulnerabilidad es sustituida, además, por la gestión de sus efectos *a posteriori*. Cabe encontrar ejemplos paradigmáticos de esta realidad en el cruce entre las condiciones estructurales que producen desigualdad de género y las que sostienen desigualdades entre personas autóctonas y migrantes. La Ley de Violencia de Género de 2004 (LOVG)[37] asigna en su Título II toda una serie de «derechos» a «las mujeres víctimas de violencia de género». Una vez victimizadas, las mujeres pueden acceder prioritariamente a, por ejemplo, una vivienda —según el capítulo 28 de la LOVG—. Este bien básico, de haber existido antes del perjuicio sufrido, se hubiera convertido seguramente en uno de los mejores escudos para evitarlo. Pero si la mujer víctima de violencia de género es, además, una persona sin papeles, esta no solo accederá a los derechos reconocidos en la LOVG a todas las mujeres víctimas, sino que también podrá solicitar una autorización de residencia y trabajo —según el artículo 31 bis de la Ley de extranjería—.[38] Por supuesto estos derechos concedidos de forma excepcional apañan la vida a muchas mujeres que han sufrido maltratos graves y cuya integridad física, así como la de sus hijos e hijas, puede hallarse comprometida en caso de seguir dependiendo de una persona maltratadora (marido y/o pareja). Sin embargo, es preciso insistir en que la centralidad de estas medidas desvía la atención sobre el que debería ser el objetivo principal de cara a confrontar estas violencias: el abordaje de sus causas.

El Estado y el sistema penal solo responden cuando el daño ya está hecho y únicamente en el plano interpersonal. Naturalmente, que las causas de buena parte de las violencias haya que buscarlas en las

---

[36] «El estado del racismo en el Estado español», Informe anual 2024, disponible en la web de Federación SOS Racismo.

[37] Ley Orgánica 1/2004, de 28 de diciembre, de Medidas de Protección Integral contra la Violencia de Género.

[38] Ley Orgánica 4/2000, de 11 de enero, sobre derechos y libertades de los extranjeros en España y su integración social.

desigualdades sociales no quita que las agresiones físicas y sexuales se concretan entre individuos. En este sentido, el proceso de victimización del punitivismo de Estado también contribuye a alienar a las personas de la propiedad de los medios de resolución de sus propios conflictos. En los casos de violencia de género, por ejemplo, la mediación está explícitamente vedada tanto por la LOVG (artículo 44.5) como por la Ley del solo sí es sí.[39] Del lado de la persona violentada, esta renuncia supone, de entrada, perder la posibilidad de profundizar en el conocimiento de lo ocurrido, de escuchar al agresor o de abordar cualquier suerte de proceso de restauración del que la persona responsable del daño pudiera formar parte. La institución tampoco abre vías para acompañar a la parte victimizada en su dolor o para activar algún proceso de sanación. La confianza en la solución penal alimenta, además, la pereza de abordar una tarea importante: imaginar otras formas de tratar una herida que no pasen por la venganza y el castigo.

Pero la víctima no es la única parte desposeída de su conflicto. Tampoco el/la culpable está en disposición de hacerse cargo de las consecuencias de sus acciones. Infantilizada al mismo nivel que su víctima y atrincherada en un juzgado de lo penal, la persona culpabilizada está obligada a defenderse para evitar las penas mayores y lo ha de hacer en una puesta en escena de argumentaciones entre expertos de la justicia institucional, donde lo que menos interesa es la voz de los y las protagonistas del conflicto. Este escenario no permite recapacitar sobre lo sucedido, evaluar responsabilidades o poner en marcha formas realmente comprometidas de reconocimiento del perjuicio infligido, maneras de disculparse y vías de resarcimiento singulares a las partes perjudicadas. Tampoco parece la mejor opción de cara a evitar posibles reincidencias a futuro. Por último, la sociedad queda igualmente exenta de su propia responsabilidad tanto en lo que se refiere al daño producido como en las maneras de restaurar sus consecuencias. A este respecto, el sociólogo y criminólogo Nils Christie ya advertía en la década de 1970 de que lo que él llamaba «justicia compulsiva» funcionaba como una suerte de alienación respecto de nuestros conflictos. Su hipótesis básica era que la justicia ordinaria nos había arrebatado la posibilidad de hacernos cargo de las violencias que nos afectan para ponerla en manos de profesionales: de jueces, abogados y expertos en comportamiento. Su propuesta apuntaba, en consecuencia, a entender los conflictos como una pertenencia de la que nos convenía reapropiarnos en aras de una profundización democrática.[40] Siguiendo a Christie, las lógicas punitivas relacionadas con las violencias de género

---

[39] Ley Orgánica 10/2022, de 6 de septiembre, de garantía integral de la libertad sexual.
[40] Nils Christie, «Los conflictos como pertenencia», conferencia pronunciada el 31 de marzo de 1976 en el acto inaugural del Centro de Estudios Criminológicos de la Universidad de Sheffield, disponible en *Pensamiento Penal*.

y sexuales también estarían contribuyendo a apuntalar el marco de una justicia que nos desposee de la pertenencia de nuestros conflictos.

Volviendo al par víctima/culpable, los juicios por el asesinato de Samuel Luiz[41] y las violaciones en serie de Gisèle Pélicot[42] resultan paradigmáticos por varios motivos: han servido para convertir violencias excepcionales en aleccionamientos públicos universales; la gravedad extraordinaria de lo ocurrido se ha instrumentalizado para reforzar la justicia entendida como venganza; la crueldad de los daños acontecidos ha sido exhibida en los medios con tal morbo —rayano en el sadismo— que la sociedad, aterrorizada, parece quedar exenta de hacerse preguntas y constreñida a un ritual colectivo de exorcización. Se trata de violencias excepcionales porque tanto España como Francia son países que, desde el concepto de seguridad del propio sistema penal, cabría calificar como seguros, es decir, como territorios en los que nuestra integridad física aún está mayormente garantizada. La experiencia general de quienes habitamos cualquiera de estos dos países es la de transitar por el espacio público sin miedo a ser agredidas o a perder la vida.

Las cifras avalan esta percepción subjetiva. Así, en España, la tasa de homicidios fue en 2023 de 0,68 homicidios por cada 100.000 habitantes. En Francia esta tasa se eleva a 1,34.[43] La tasa de homicidios intencionados de la UE (Eurostat) se sitúa en 0,86. Por poner en contexto, en los países con tasas altas de homicidios intencionados estas alcanzan porcentajes de 40,94 (Sudáfrica) o 53,11 (Jamaica), según datos de UNODC. En cuanto a las violaciones, las condenas por violación en España en 2023 fueron, según datos del INE, 19 casos, 313 condenas por agresión sexual, 701 condenas por abusos: 1.033 condenas en total por delitos contra la libertad sexual. En Francia, según el INSEE, cada año (de la serie que va de 2011 a 2018) 200.000 personas entre 18 y 75 años son víctimas de violencias sexuales: 27 % de ellas corresponden a denuncias por violación, esto es, 54.000. El 51 % de las víctimas conocía, además, a su agresor. Por supuesto, siempre hay que

---

[41] El 3 de julio de 2021, Samuel Luiz Muñiz, de 24 años, fue brutalmente agredido hasta su muerte por un grupo de jóvenes a la salida de una discoteca en La Coruña. El asesinato desencadenó manifestaciones y protestas que, convocadas desde espacios del movimiento LGTBI+ en todo el Estado, reclamaban justicia para Samuel y denunciaban las violencias homófobas. Cuatro de los procesados fueron reconocidos como culpables por un jurado popular y en 2025 la jueza encargada del caso condenó a los acusados a penas de prisión. Una de las sentencias tuvo la agravante de homofobia.

[42] En 2024, Gisèle Pélicot, de 72 años, decide denunciar a su marido, Dominique Pélicot, con el que llevaba casada 50 años, como responsable de que fuera violada durante una década por más de 70 hombres. Dominique drogaba a su mujer para que no fuera consciente y luego grababa las violaciones. Gisèle pidió que el proceso fuera público para apoyar a las víctimas de abusos sexuales.

[43] «El número de homicidios en Francia aumentó en 2023», *Expansión*, Datos macro.com.

tener en cuenta que la comparación de datos puede resultar engañosa ya que la tipificación de las violencias sexuales varía de un país a otro. Tampoco cabe equiparar, lógicamente, condenas y denuncias.[44]

Pero las cifras, por incorrectas que sean, y, más aún, la experiencia de nuestra vida cotidiana, sí deberían animarnos a descorrer el velo del espanto para atrevernos a abordar ciertas preguntas. Por ejemplo, si la mayoría de las mujeres son asesinadas por sus parejas y en un 50 %, por un miembro de su familia,[45] ¿por qué a la luz del caso Pélicot no se ponen en cuestión el contrato matrimonial y la institución familiar como fuente de inseguridad para muchas mujeres? ¿Por qué no se hace más hincapié en relacionar mayor grado de autonomía de las mujeres con mayor garantía de integridad física y sexual? ¿De qué manera pensamos que unos hombres obligados a mentir para defenderse se harán cargo de lo que han hecho y no reincidirán si, según la investigadora Gwenola Ricordeau, todos los estudios llevan a la conclusión de que los índices de reincidencia son los mismos, se pase por prisión o no?[46] ¿En qué medida nos beneficia hablar de bandos —«la vergüenza ha cambiado de bando»— para luchar contra una relación de poder que va de construcción de posiciones jerárquicas (posiciones masculinas y femeninas) y no de naturalezas esencializadas (hombres violadores y mujeres víctimas)? ¿Por qué seguimos pensando en la cárcel como la solución frente a las violaciones, cuando, como afirman las activistas abolicionistas Mariame Kaba y Eva Nagao «el 70 % de las personas sobrevivientes deciden no denunciar la agresión sexual a la policía»?[47] O pensando en el asesinato de Samuel, ¿en qué medida una retribución ceñida a lo económico —fundamental, por otra parte, en la mayoría de ocasiones— puede acompañar en el dolor a unos padres destrozados si no se exploran, además, otras vías de reparación?

Es significativo, en este sentido, que el relato mediático de este caso parece aprobar en general el hecho de que la sentencia no tenga en cuenta posibles trastornos —mentales, cognitivos, drogas— susceptibles de haber afectado las conductas de los acusados —cuestiones que no solo rebajarían sus penas, sino que también matizarían su condición de monstruos—. En cambio, sí parece defender la importancia de patologizar el dolor de los padres de Samuel, a quienes se diagnostican trastornos depresivos independientemente de que ellos se reconozcan o no como enfermos. Quizá cabría pensar que para enfrentar una herida de tales dimensiones y probablemente irreparable, además de un

---

[44] Braulio García Jaén, «El 80% de la violaciones que se denuncian en España nunca llega a juicio», *El País*, 26 enero de 2025.

[45] Gwenola Ricordeau, *Pour elles toutes. Femmes contre la prison...*, p. 58.

[46] Ibídem, pp. 70-72.

[47] Mariame Kaba y Eva Nagao, «¿Y qué hay de los violadores?», en *¡Abolir ya! Ensayos hacia un mundo sin policía*, Ciudad de México, Bajo Tierra, 2024, p. 68.

diagnóstico las personas dañadas deberían ser, sobre todo, cuidadosamente acompañadas en un camino de reparación. Desde un marco de justicia vengativa es difícil pensar más allá de la retribución, pero las prácticas reparativas, restaurativas y sanadoras existen y, por muy testimoniales que sean, resulta fundamental conocerlas si queremos construir otros paradigmas de justicia.

Angela Davis rescata en su libro *Alternativas*[48] el caso de Amy Biehl, una mujer blanca asesinada en Sudáfrica en 1993. En esos años Sudáfrica caminaba hacia el final del apartheid. Amy Biehl estaba precisamente trabajando en esa dirección cuando fue asesinada por una muchedumbre que se manifestaba contra los blancos. Cuatro hombres negros fueron condenados a 18 años por su asesinato. En 1997, la madre y el padre de Amy apoyaron la petición de amnistía para ellos. Los cuatro pidieron perdón a los Biehl y fueron liberados en 1998. Dos de ellos se reunieron con el matrimonio, que terminó contratándolos para una filial de la Amy Biehl Foundation que fundaron tras la muerte de su hija: «Tratamos de explicar que a veces es más provechoso callarse y escuchar lo que otras personas tienen que decir. Preguntar por qué suceden estas cosas terribles en lugar de simplemente reaccionar».

Inés Fernández Ortega, mujer mexicana víctima de violación por parte de miembros del ejército de su país, también exige una justicia sanadora y reparadora en vez de castigadora y exclusivamente retributiva cuando afirma: «Si ustedes meten en la cárcel a los tres militares que me violaron, para mí eso no es justicia, porque mi historia es parte de una historia mucho más larga. Ellos le han hecho muchas violencias a nuestro pueblo desde hace mucho tiempo. Entonces, para mí que se haga justicia es que mis hijas puedan caminar libres en la montaña de Guerrero; para mí justicia es que, si el ejército va a entrar a la comunidad, pida permiso a las autoridades, que no queme nuestras cosechas».[49]

Estas palabras de Ortega nos llevan a preguntarnos cuál sería la mejor manera de proteger socialmente a colectivos que sufren violencias estructurales y a explorar otras formas de hacer justicia que, sin caer en la invisibilización y en la desresponsabilización, nos alejen de procesos que refuerzan el poder castigador y controlador del Estado a la par que debilitan nuestra capacidad de autogestión y autonomía.

---

[48] Angela Davis, «Alternativas abolicionistas: ¿son obsoletas las prisiones?», en *¡Abolir ya! Ensayos hacia un mundo sin policía...*, pp. 38-39.

[49] Ángeles Mariscal, Elena Zepeda e Isabel Mateos, «Inés, mujer colibrí: justicia y sanación», *Chiapas Paralelo*, 30 de noviembre de 2022.

IV. Desafíos para un marco antipunitivo de abordaje de las violencias y una apuesta radicalmente democrática de gestión de los conflictos

> Si te acostumbras a ir siempre por el mismo camino, llega un momento en el que ya no avanzas.
>
> Miss Major[50]

El problema compartido por cualquier perspectiva emancipadora no debería ser otro que acabar con los mecanismos de reproducción de la injusticia tanto socioeconómica como cultural. Esta es la única salida efectiva para lidiar con las violencias múltiples que tales injusticias generan. Sin embargo, en unas sociedades cada vez más atomizadas, las percepciones de los daños tienden, como se ha tratado de ilustrar a lo largo del texto, a individualizarse y a abordarse de forma punitiva, obviando la identificación de sus causas e impidiendo, por ende, el bloqueo de su reproducción a futuro.

Es cierto que estamos viviendo un periodo de crisis profunda. Algunos análisis la definen como una crisis civilizatoria, otros como la crisis terminal del capitalismo. El envite que se propone aquí es pensar esta crisis también como una coyuntura oportuna para explorar horizontes de cambio colectivos y reforzar estructuras de organización capaces de orientarlos y traducirlos a prácticas concretas.

Partimos de una premisa innegociable: no se trata de volver a ninguna ley del silencio respecto a las violencias que se señalan e impugnan desde los movimientos sociales. Las relaciones de poder procedentes de la construcción histórica de las categorías de raza y género, así como las vinculadas a la hegemonía de la norma heterosexual y del mandato familiar reproductivo —biológico y de clase—, producen y reproducen daños materiales y simbólicos en los colectivos subalternizados. Los cuestionamientos que se han venido formulando a lo largo de este escrito giran en torno a si la opción punitiva protege mejor a dichos colectivos frente a las violencias, a si los provee de una mayor autonomía para evitarlas a futuro y a si desencadena mecanismos que obstaculicen su reproducción. Y la respuesta es no.

Si no tomamos el antipunitivismo ni como religión ni como marca, sino como un horizonte destituyente de ciertas formas de responder a las desigualdades —penales, policiales y de mantenimiento del *statu quo*— y constituyente de nuevas estrategias políticas (desfinanciación policial, justicia transformadora, impugnación del orden

---

[50] Toshio Meronek, *Miss Major toma la palabra. Vida y legado de una revolucionaria trans negra*, Iruñea-Pamplona, Katakrak, 2024, p.161.

capitalista), los proyectos de emancipación contenidos en los movimientos antipatriarcales y antirracistas podrían compartir un buen puñado de tareas. En primer lugar, la tarea de renunciar a engordar el código penal; a fortalecer las instituciones que encierran a extranjeros en centros de detención; a esperar del macho violador estatal[51] que, a la vez, sea quien proteja a las personas y colectivos más afectados por el patriarcado.

Aunque romper con el colaboracionismo respecto del Estado policial y vengativo no basta, si queremos hacernos capaces de imaginar el fin del capitalismo,[52] el desafío es construir formas de vida anticapitalistas cada día. Para empezar, se trata de construir nuevas solidaridades, esto es, composiciones de clase que en vez de esencializar las diferencias se dediquen a enfrentar las consecuencias de las estructuras de apropiación y explotación racistas y sexistas. No se trata de caer en un reduccionismo de clase sino, por el contrario, de aprender de experiencias como la del Partido Comunista estadounidense en la década de 1920, cuyo eje de trabajo político fundamental era, precisamente, luchar desde y contra las consecuencias del supremacismo blanco en las condiciones de vida de la población negra.[53] Los comunistas estadounidenses luchaban, por lo tanto, contra los desahucios, los linchamientos o el racismo en los tribunales. Si trasladamos esta forma de hacer política a nuestros días y al Estado español, quizá una de las luchas más parecidas en el sentido de buscar objetivos comunes entre poblaciones empobrecidas es la experiencia de los espacios de lucha por la vivienda. Porque entre los despojados de algo tan básico como un lugar para vivir se encuentran sobrerrepresentadas las personas racializadas en tanto extranjeras —Ley de extranjería— o por motivos étnicos y/o culturales —gitanas, musulmanas—, todas ellas

---

[51] «El Estado opresor es un macho violador», decía la letra creada por el colectivo de feministas chilenas *Las tesis*, en una performance contra las violencias sexuales que nació en el contexto de la brutal represión del Estado chileno en respuesta al momento insurreccional del 2019. La obra performativa denunciaba la saña específica de la represión militar y policial contra las mujeres y disidentes del sistema sexo-género. Su blanco era el Estado patriarcal y, por ello, su primera interpretación tuvo lugar frente a la Segunda Comisaría de Carabineros de Chile. Su letra reivindicaba la libertad sexual y de movimiento de las mujeres, al mismo tiempo que señalaba sus principales amenazas: «Son los pacos (los policías), los jueces, el Estado, el presidente».

[52] «Atribuida tanto a Fredric Jameson como a Slavoj Žižek [la frase] es más fácil imaginar el fin del mundo que el fin del capitalismo [...] recoge con exactitud lo que entiendo por realismo capitalista: la idea muy difundida de que el capitalismo no solo es el único sistema económico viable, sino que es imposible incluso imaginarle una alternativa», escribe Mark Fisher en *Realismo capitalista. ¿No hay alternativa?*, Buenos Aires, Caja Negra, 2026. p. 22. El desafío que aquí se plantea es, por lo tanto, atravesar esa imposibilidad.

[53] Asad Haider, *Identidades mal entendidas. Raza y clase en el retorno del supremacismo blanco*, Madrid, Traficantes de Sueños, pp. 108-110.

atravesadas por violencias de género y racistas. Por esta razón, los sindicatos de vivienda se han convertido hoy en uno de los dispositivos de lucha más eficaces contra el racismo y el machismo, así como mejor armados tanto para generar conflicto como para tejer comunidades de apoyo mutuo.

Además de priorizar las gramáticas del nosotros, el horizonte antipunitivo nos invita a edificar arquitecturas de reproducción social autónomas. Nos referimos a espacios cualificados tanto para defenderse de los ataques del capital —de la apropiación y explotación de nuestro trabajo y recursos—, como para edificar instituciones propias de producción de bienes y servicios necesarios. Y, entre estos últimos, la apuesta debería incluir la búsqueda y puesta en marcha de formas de hacer justicia no vengativas, sino reparadoras, restauradoras y transformativas: porque necesitamos trazar nuevos caminos si queremos alcanzar otras formas de vida, contra y más allá del Estado.[54]

---

[54] Tomamos esta frase del libro de Raquel Gutiérrez, *Horizontes comunitario-populares. Producción de lo común más allá de las políticas estado-céntricas*, Madrid, Traficantes de Sueños, 2017, p. 122.

Sin policía.
Apuntes para una cultura del conflicto no policial a partir de los debates y las experiencias antipunitivas

Sergio García García

Hacia una cultura del conflicto no policial

En las últimas cinco décadas hemos asistido al progresivo fortalecimiento de los cuerpos policiales a nivel global y, de manera particularmente exagerada, en España, donde el crecimiento de las plantillas,
de los presupuestos, de los blindajes legales, del poder sindical y de
la autonomía de las distintas instituciones policiales han creado un
monstruo ingobernable dentro del propio Estado que condiciona so-
bremanera al resto de actores del sistema. Lejos de perseguir el delito,
hacer cumplir la ley o aportar seguridad, desde su nacimiento como
institución hace 200 años, la policía ha trabajado en la producción del
cuerpo social jerarquizado que las estructuras del capitalismo racial
requieren. Pero el neoliberalismo se ha caracterizado por fortalecer
estas instituciones, ya no solo en su sentido de brazo derecho (punitivo) del Estado cuando falla el izquierdo (social), sino como modelo de
producción cultural de los conflictos, proporcionando un repertorio
de lecturas e intervenciones posibles ante las desigualdades, las violencias y las disputas interpersonales.

El poder policial no es solo físico, sino también simbólico: consiste en la traslación de la cultura policial interna al exterior de la institución. Esta «policialización cultural», cuya máxima expresión es la
«copaganda»,[1] difundida por los departamentos de comunicación po-

---

[1] De *cop*, policía en inglés, y el vocablo propaganda.

licial en forma de noticias, reportajes empotrados, programas de *true crime*, series, películas, exhibiciones infantiles, exposiciones, juguetes o camisetas, refuerza una cultura del conflicto basada en la desresponsabilización y la delegación, dejando el abordaje de las disputas en manos de una autoridad que los utiliza para autoalimentar su propio poder y para reproducir el orden de desigualdades.

En la gestión del conflicto nos jugamos una buena parte de nuestra autonomía política como movimientos y como colectividades que comparten un territorio o una actividad. Es algo que siempre han comprendido los grupos marginados, obligándose a inventar dispositivos de «arreglo» de sus propios conflictos antes de dejar que un sujeto opresor o un experto externo lo hiciera sobre la base de unas «reglas» abstractas y ajenas.

Este artículo va de construir una cultura del conflicto no policial a partir de los aprendizajes de algunos debates y experiencias no punitivas. Sin duda, resulta clave un trabajo de desmitificación de la Policía, desmontando la idea de su eficacia y evidenciando la selectividad de su accionar, los daños sociales que produce y el hecho de que incurre en no pocos delitos y violencias. Pero al mismo tiempo es fundamental visibilizar experiencias despoliciales que nos vienen de otros tiempos y geografías, contextualizándolas y sin idealizarlas.

El sistema policial-penal es una excepcionalidad histórica y antropológica. Incluso en sociedades donde el derecho estatal ha trastocado la justicia tradicional, persisten estructuras comunitarias que conciben la responsabilidad y el abordaje de los comportamientos no deseados de una forma bien distinta a como lo hace la justicia euro-moderna.[2] Una anécdota que simboliza la pervivencia de cosmovisiones comunitarias, aun ante fenómenos moderno-occidentales, nos la proporciona el análisis lingüístico de Carlos Lenkersdorf[3] sobre los tojolabales: este pueblo chiapaneco expresa la culpabilidad ante la ley de manera colectiva al utilizar la expresión «uno de nosotros cometimos un delito» en lugar de «uno de nosotros cometió un delito». Su cosmovisión refleja que la responsabilidad no se atribuye al individuo, de lo que se deriva que la intervención implica a toda la comunidad.

Desplazando nuestro marco epistemológico hacia el Sur, las experiencias contemporáneas de justicia comunitaria surgidas a partir de la década de 1970 en Abya Yala ofrecen un marco de imaginación política del conflicto del que aprender. A partir de un sincretismo entre saberes ancestrales, justicia restaurativa y aprendizajes prácticos sobre la gestión del conflicto, algunos ejemplos nos los proporcionan las

---

[2] Alicia Hopkins, «Apuntes desde la filosofía para estudiar una justicia antagónica al Estado y al capital», *Estudios Latinoamericanos*, núm. 37, enero-junio, 2016, pp. 15-37.
[3] Carlos Lenkersdorf, *Filosofar en clave tojolabal*, Ciudad de México, Porrúa, 2005.

rondas campesinas en Perú, la Guardia Indígena del Cauca, en Colombia, los círculos restaurativos de los ojibwa en Canadá o las múltiples experiencias mexicanas de autonomía indígena a través de la autodefensa (municipio de Cherán, comunidades zapatistas, CRAC de Guerrero, etc.).[4] Respondiendo a necesidades prácticas más que ideológicas, todas estas experiencias ponen en marcha estrategias morales, mediaciones, rituales de reconciliación y negociaciones colectivas como formas de salvaguardar a la propia comunidad en los conflictos que surgen (desde homicidios y abusos sexuales a robos o litigios por tierras).

Dado que muchas de estas experiencias nacen como una necesidad de supervivencia colectiva en medio de la violencia política (del Estado, de las empresas, del narco...), su modo de funcionar se explica mejor a partir de sus condiciones prácticas que de la proyección de una ideología antipunitivista. Igualmente, su vulnerabilidad hace que la suerte de las experiencias haya sido muy variada en los últimos años.[5] Algunas han sobrevivido en un entorno hostil, como el municipio de Cherán (México), otras han puesto a negociar su lógica comunitaria con la lógica estatal, estableciendo una suerte de pluralismo jurídico (a veces reconocido legalmente), y otras han sucumbido a la presión externa en forma de corrupción o de violencia. Sin embargo, su modelo de autonomía en el conflicto es su marca y tiene la capacidad de replicarse en geografías tan variadas como la Rojava kurda, el barrio de Acapatzingo en Ciudad de México, los barrios de favelas de Brasil o un centro social en Europa.[6]

Una de las objeciones que se suelen oponer a la enunciación de este tipo de experiencias desde lugares urbanos, euro-blancos y atravesados por la subjetivación de clase media es el salto de contexto. La cultura del conflicto cotidiana en las grandes ciudades españolas está completamente atravesada por pautas de relación descomunalizadas y por lógicas de delegación en el Estado, el mercado y los expertos. Debemos tener en cuenta, no obstante, que las experiencias de contextos rurales e indígenas resuenan en la memoria de otras vivencias históricas (rurales, barriales) mucho más cercanas en las que el sostenimiento del vínculo común era primordial en situaciones culturales aún no muy estatalizadas. Además, en situaciones de crisis, cuando el Estado no está o cuando falla, esa memoria, así como las nuevas invenciones, dan lugar a situaciones originales a la hora de hacerse cargo de los problemas.

---

[4] Alicia Hopkins, *op. cit.*

[5] Alicia Hopkins, *Intervención oral* en el conversatorio «¿Qué puede aprender el antipunitivismo de las experiencias de justicia comunitaria?», GEHPIP-UAM, octubre de 2023.

[6] Raúl Zibechi, «Autoprotección colectiva, dignidad y autonomía», «*Seguridad contra la pared*», *Contrapunto*, núm. 4, 2014, pp. 75-82.

Partiendo de los saberes acumulados en las últimas décadas en algunos contextos urbanos y occidentales sobre ese hacerse cargo sin (o a pesar de, o con menos) policía, vamos a traer algunas de las propuestas y experiencias más inspiradoras: por un lado las de la emergencia de un nuevo antipunitivismo abolicionista que apuesta por las justicias restaurativa y transformativa, y por otro las propuestas de la despolicialización que emergieron en 2020 con el programa «Defund the Police» en Estados Unidos. Ambos puntos de entrada permiten no solo producir aprendizajes en nuestros experimentos antipunitivos, sino también reconocer en nuestros contextos prácticas prefigurativas que ya anticipan en el día a día un mundo sin policía.

La emergencia de un nuevo antipunitivismo

Cotidianamente habitamos multitud de conflictos inmanentes al hecho de vivir juntos entre el desencuentro y la imprevisibilidad. Una parte de esas disputas han pasado a categorizarse en nuestras sociedades como «delitos», lo cual se corresponde con un proceso histórico de cercamiento de los conflictos por parte del Estado, auxiliado por el mercado y los expertos. Aunque los códigos penales se revisten de racionalidad retributiva, las pasiones punitivas que los alimentan manipulan las emociones de quienes sufren un daño, aduciendo que «las víctimas» necesitan venganza. Este modo de afrontar los conflictos viene acompañado por una cultura de la victimización que acaba por legitimar la represión y la violencia. Se trata de una lógica que opera tanto en la escala de las relaciones internacionales (el victimismo que invoca el Estado de Israel para justificar un genocidio en Gaza), como en el nivel de las relaciones íntimas.[7] Sin embargo, múltiples fuentes en contacto con esas mismas víctimas insisten en que lo que verdaderamente las repara es el acompañamiento y el reconocimiento del daño.[8]

En sintonía con el propósito de reparar lo que los conflictos dañan y de transformar las condiciones que los producen, vamos a acercarnos a algunas de las posiciones teóricas de los movimientos abolicionistas y a las propuestas de justicia restaurativa y transformativa.

Del abolicionismo carcelario al feminismo antipunitivo

Entre las décadas de 1960 y 1970 nació un movimiento que clamaba por la abolición de las cárceles a partir de la experiencia de lucha de los movimientos negros en Estados Unidos y de los análisis que se venían formulando desde la criminología crítica. La violencia policial y penal se ejercía contra los habitantes del gueto con la misma severidad

---

[7] Sarah Shulman, *El conflicto no es abuso*, Buenos Aires, Paidós, 2023.
[8] Gema Varona, Lohitzune Zuloaga y Paz Francés, *Mitos sobre delincuentes y víctimas*, Madrid, Catarata, 2019.

con la que el sistema esclavista, primero, y segregacionista, después, había tratado a la población afrodescendiente. En Europa, de manera muy especial en Italia y Francia, el movimiento abolicionista se embridó a un pensamiento libertario que veía en el sistema penal la producción disciplinaria de mano de obra y obediencia en el contexto de la sociedad de clases. Este analizó el modo en que el castigo penal se cebaba con los presos políticos, pero sobre todo con los «presos sociales», para producir justo lo que decía combatir: una desresponsabilización del presunto causante del daño a través de una culpabilización individual que olvida las estructuras y los ambientes que están detrás de los hechos.[9]

Tras varias décadas de un securitarismo y un punitivismo neoliberal arrolladores, la llama del abolicionismo carcelario solo se mantuvo tenuemente en los movimientos de apoyo a las personas presas. En la década de 2020 hemos sido testigos, sin embargo, de cómo ha vuelto a resurgir con fuerza un nuevo impulso antipunitivo aunque con algunas características distintas respecto del anterior. Si bien en Estados Unidos en ambos periodos históricos el sujeto fundamental a partir del cual se estructura la lucha es la población afrodescendiente, actualmente asistimos al desplazamiento del énfasis abolicionista al feminismo interseccional como voz articuladora de distintas experiencias de opresión (la de las personas racializadas, pero también la de las personas trans y de todos aquellos colectivos a los que lo policial-penal, lejos de proteger, añade inseguridad).[10] Por su parte, en América Latina y Europa se aprecia la extensión y multiplicación del feminismo antipunitivo ante la captura por parte del populismo punitivo de las luchas contra la violencia machista.[11]

En su genealogía del feminismo antipunitivo en Estados Unidos, Angela Davis y otras feministas abolicionistas[12] establecen una continuidad entre el abolicionismo carcelario y el abolicionismo de la esclavitud del siglo XIX. El factor determinante para entrar en la cárcel es la raza y la clase más que la comisión de un delito. Por eso, al igual que

---

[9] Separando al autor del contexto, la respuesta punitiva impediría al causante del daño atravesar tanto la desaprobación social de su comunidad como la reparación a quienes lo han sufrido. Vicenzo Guagliardo, *De los dolores y las penas. Ensayo abolicionista y sobre la objeción de conciencia*, Madrid, Traficantes de Sueños, 2013.

[10] Melanie Brazzell, «Was macht uns sicher? Die Polizei jedenfalls nicht – der Transformative-Justice-Ansatz», *Analyse & Kritik*, núm. 621, noviembre de 2016.

[11] Véase Paz Francés Lecumberri, «Feminisms in the challenge of alternatives to punitivism: The necessary synergies in a path to be explored», *Oñati Socio-Legal Series*, núm. 12(6), 2022, pp. 1759-1795; también Valentina Huelga, «¿Cómo salir de la trampa? Narrativas feministas frente al cerco mediático y al punitivismo», en La Laboratoria (ed.), *Esa violencia que no es una*, 2024, pp. 17-32.

[12] Angela Davis, Gina Dent, Erica R. Meiners y Beth E. Richie, *Abolition. Feminism. Now*, Chicago, Haymarket Books, 2022.

la esclavitud, la cárcel no se puede reformar en aras de una supuesta democratización. Estas activistas reconocen en la lucha de 1932 de las presas de una cárcel de Nueva York contra el carácter clasista de la fianza una de las primeras experiencias contra el sistema carcelario. El activismo de las mujeres negras ha estado a la vanguardia de reivindicaciones que forman parte del acervo feminista a nivel global en una lucha contra las violencias machistas distanciada del sistema penal. Ya en la década de 1950 aparecieron textos sobre la superexplotación y la violencia sexual que sufrían las mujeres negras en el trabajo doméstico, remitiendo a la idea de una nueva esclavitud.

En los años setenta, el movimiento de apoyo a los presos en la costa oeste de Estados Unidos puso las bases del abolicionismo actual. El colectivo Mothers ROC, formado por madres de presos que se rebelaron contra la criminalización y la ley de «Three Strickes» (reincidencia, aunque fuera por el robo de un producto inferior a 20 dólares, que lleva a miles de jóvenes a la cárcel desde 1994), basó su lucha en la práctica afroamericana de la maternidad social. A partir del espacio de reproducción social al que quedaron relegadas las mujeres afrodescendientes tras la crisis de los años 70, estas madres proveedoras se conocieron en las comisarías y en las lejanas cárceles a las que iban a visitar a sus hijos, convirtiendo la maternidad en un espacio posible desde el que confrontar al Estado. El movimiento, animado por las feministas negras no binarias, reaccionó frente al mito del carácter criminógeno de la familia negra alrededor de las madres solteras (designadas despectivamente como «reinas del welfare» y acusadas de vivir de las ayudas, de parir y criar hijos como conejos) extendido entonces por los discursos neoliberales (base legitimadora de la extensión del complejo industrial carcelario en el capitalismo racial estadounidense).[13]

En la década de 1980, fueron las presas quienes denunciaron la violencia de género dentro de la prisión. Y aunque el feminismo *mainstream* se haya apropiado del #MeToo en 2017, adoptando un tinte más carcelario, fueron las feministas afrodescendientes las primeras en usar la campaña en 2006. Todas estas denuncias de las feministas negras sobre las violencias y las violaciones, invisibilizadas por las feministas blancas, se acompañaron de la lucha simultánea contra la imputación a los hombres negros de acusaciones sistemáticas de violación.[14]

Desde la perspectiva de una parte del feminismo antipunitivo, la aparición de las políticas contra la violencia de género en el presente siglo ha supuesto el robo de la voz de los actores concernidos (tanto de las víctimas como de los presos) y la focalización punitiva del problema, por medio de políticas centradas principalmente en la detención

---

[13] Ruth W. Gilmore, *Geografía de la abolición*, Barcelona, Virus, 2024.
[14] Angela Davis, Gina Dent, Erica R. Meiners y Beth E. Richie, *op. cit.*

y sin que ello redunde en mayor seguridad para las víctimas.[15] La búsqueda de culpables individuales y de respuestas a corto plazo ha opacado la tradición feminista que apuntaba a la dimensión estructural y colectiva del problema, como si el machismo, al igual que el racismo, se atajase encerrando al perpetrador. Aunque pareciera que el sistema punitivo fuera a protegerlas, lo cierto es que las mujeres afrodescendientes y disidentes sexuales y de género acaban sufriendo de manera directa o indirecta el incremento de lo punitivo y la peligrosidad de la policía sobre sus cuerpos. El «feminismo carcelario» obvia que los policías que deben proteger a las mujeres son más violentos y machistas que la media de la población masculina y de hecho estadísticamente ejercen más violencia contra sus parejas.[16] Mónica Cosby, organizadora de Moms United Against Violence and Incarceration, sostiene que sintió lo mismo en la cárcel que en una relación con violencia machista. Si la violencia de género y la violencia de Estado están conectadas, más penas no equivalen a mayor protección.

Como reacción a este «feminismo carcelario», aliado de las políticas de control y represión del Estado,[17] organizaciones como Incite! y Critical Resistance contribuyeron al resurgimiento de las ideas abolicionistas en Estados Unidos en el cambio de siglo. Ambos colectivos comenzaron a celebrar encuentros en 2001 con un doble objetivo: combatir al mismo tiempo la violencia machista y la violencia estatal, postulando que las ideas feministas y las abolicionistas eran inseparables.[18] Desde una perspectiva interseccional, el análisis de cualquier discriminación se queda cojo cuando no se abordan todas las discriminaciones a la vez. En la primera década del siglo XXI, Incite! organizó las primeras conferencias de feminismo antirracista y anticarcelario, conectando estas problemáticas con acontecimientos concretos a nivel local (el huracán Katrina en Nueva Orleans, la gentrificación en Nueva York, etc.). Por su parte, Critical Resistance ha venido trabajando sobre la idea de que la pena es más bien una venganza que no solo castiga al reo, sino a toda su comunidad, a lo que contribuyen las organizaciones

---

[15] Beth E. Richie, *Arrested Justice: Black Women, Violence, and America's Prison Nation*, Nueva York, New York University Press, 2012.

[16] El National Center for Women and Policing destacó a mediados de la década pasada cómo diversos estudios indicaban que aproximadamente el 40 % de las familias de oficiales de policía experimentan violencia doméstica, en comparación con el 10 % de las familias en la población general. Esta información se basaba en dos estudios realizados a comienzos de la década de 1990. Marcie Blanco, «One Group Has a Higher Domestic Violence Rate Than Everyone Else - And It's Not the NFL», *MIC*, diciembre de 2014.

[17] Lorena Valenzuela-Vela y Ana Alcázar-Campos, «Gendered Carceral Logics in Social Work: The Blurred Boundaries in Gender Equality Policies for Imprisoned and Battered Women in Spain», *Affilia*, núm. 35(1), 2020, pp. 73-88.

[18] Susana Draper, *Libres y sin miedo. Horizontes feministas para construir otros sentidos de justicia*, Buenos Aires - Madrid, Tinta Limón - Traficantes de Sueños, 2024.

de servicios sociales y protección de la infancia que culpabilizan a los padres de la pobreza de los niños.[19] Estos colectivos han incorporado además las experiencias de las trabajadoras sexuales y de las personas *queer* y han alertado de cómo el foco sobre la violencia de género produce un olvido de la violencia menos espectacular que ocurre dentro de la familia.

Desde la perspectiva abolicionista que estas organizaciones han puesto en la agenda, lo que realmente protege a las mujeres y a la población racializada es la inversión en vivienda o en salud, así como respuestas colectivas centradas en el desarrollo comunitario, el apoyo mutuo y la experimentación con nuevas formas de sentirse segura. Veinte años después de su eclosión, este discurso cristalizó en las revueltas de Black Lives Matter bajo el lema *Defund the Police*, consiguiendo reducir el presupuesto destinado a la policía en ciudades como Mineápolis y escalando el debate a los medios *mainstream*.[20]

De la justicia restaurativa a la justicia transformativa

Desde la perspectiva abolicionista, históricamente el circuito policía-cárcel ha constituido una solución mágica a los conflictos (codificados como delitos). Esta solución no solo no ha ofrecido lo que prometía (no repara, no reinserta, no previene), sino que, además, ha añadido nuevos problemas sociales (causa más dolor, priva de derechos, reproduce esquemas patriarcales, inserta en circuitos de marginalidad y delincuencia...).[21] La derivada propositiva de este movimiento abolicionista ha sido la exploración cultural, así como la invención de formas de abordaje que supriman, o al menos reduzcan, los daños del sistema penal.

En la década de 1970 nació la propuesta de la justicia restaurativa impulsada por el movimiento abolicionista y de víctimas. Mediante técnicas como la mediación, las conferencias o los círculos, dicha forma de justicia busca la reparación a través de la palabra, tratando de eludir la violencia institucional del sistema penal en forma de revictimización y de focalización en la reparación.[22] La mediación, quizás su técnica más extendida, busca que aflore la «verdad personal» y su propiedad de «bondad sanadora» mediante el diálogo. Se propone como un proceso de diálogo al servicio de la persona que ha sufrido el daño,

---

[19] Angela Davis, Gina Dent, Erica R. Meiners y Beth E. Richie, *op. cit.*

[20] Ibídem.

[21] Alicia Alonso Merino, *Feminismo anticarcelario. El cuerpo como resistencia*, Málaga, Zambra, 2022.

[22] Julián Ríos, Esther Pascual, José Luis Segovia, Xabier Etxebarría y Francisca Lozano, *Mediación penal, penitenciaria y encuentros restaurativos. Experiencias para reducir el sufrimiento en el sistema penal*, Madrid, Universidad Pontificia de Comillas, 2016.

la cual es dueña del proceso con el apoyo de su comunidad, apuntando a la reparación y a la responsabilización de quien ha producido dicho daño. Estos procesos, que devuelven el poder a los protagonistas, son por ello menos previsibles que el castigo penal, pues dependen de los acuerdos a los que lleguen las partes y participan más agentes que los del Estado.[23]

En los años setenta, el movimiento por la justicia restaurativa logró introducir algunos de sus planteamientos en la justicia juvenil canadiense y consiguió instaurar en Reino Unido formas de justicia comunitaria para evitar la judicialización de conflictos. En España, las primeras experiencias tuvieron lugar en la década de 1990 en algunos juzgados. En Madrid, la Asociación Apoyo trabajó a partir de 2001 en la mediación comunitaria entre víctima e infractor y en 2007 se puso en marcha la primera experiencia de mediación penitenciaria con presos de primer grado con muy buenos resultados.[24]

Ha sido, no obstante, en los grandes conflictos de violencia política donde la justicia restaurativa ha encontrado su mayor caja de resonancia. Las experiencias de los acuerdos de paz del Ulster o la puesta en marcha de encuentros restaurativos entre víctimas de ETA y presos de la organización a partir de 2007 han sido dadas a conocer a través del cine y la literatura, contribuyendo a ampliar la imaginación sobre los conflictos en plena hegemonía del securitarismo y del populismo punitivo. Según sus promotores, los encuentros restaurativos entre víctimas y presos de ETA tenían como objetivo escucharse para sanar, más que pedir perdón (el perdón tiene un significado cultural muy intenso como para resolverse mediante conversaciones). Entre las razones que ayudaban a las víctimas a comprender el relato de sus victimarios sobresalía la exposición de los motivos para entrar en ETA, que en ocasiones se relacionaba con la cercanía a personas asesinadas o torturadas por la policía.

En cualquier caso, la justicia restaurativa encuentra multitud de limitaciones institucionales en España. La magistrada Carme Guill llama la atención sobre la prohibición de la mediación en casos de violencia de género, a pesar de que en justicia juvenil lleven veinte años funcionando y haya dado frutos con un nivel muy bajo de reincidencia de los jóvenes que han participado en estos procesos. Los servicios públicos de justicia restaurativa en Navarra, País Vasco y Cataluña han logrado un enorme éxito en delitos de odio mediante encuentros en los que participan las propias víctimas, o si estas no quieren participar, víctimas sustitutorias (organizaciones LGTB). También en casos de bullying entre adolescentes a través de

---

[23] Ibídem.
[24] Ibídem.

la metodología de conferencias o círculos para «implicar no solo a los que llevan a cabo el acoso, sino también a todo el grupo que lo presenció y quizás no hizo nada para frenarlo».[25]

Las prácticas restaurativas son complejas, pues movilizan una fuerte intensidad de emociones negativas. Como narra Andrea García González[26] en su etnografía sobre los procesos posconflicto en el País Vasco, la escucha vulnerable de los encuentros remueve e incomoda profundamente: escuchar al otro en toda su disonancia afecta a las seguridades identitarias construidas como defensa tras un acontecimiento violento, pero en esa escucha vulnerable habita una incomodidad generativa que va mucho más allá de una falsa empatía y transforma el conflicto original en nuevos conflictos abordables desde otro marco.

La justicia restaurativa va introduciendo un nuevo repertorio de actitudes y emociones ante los conflictos y las violencias que caen dentro del ámbito de lo penal. Además, en ámbitos como el escolar, cada vez más se extienden prácticas de mediación y círculos en los que los propios estudiantes se hacen dueños de los conflictos. Sin embargo, tras varias décadas de experiencias de justicia restaurativa institucional, algunas voces han advertido sobre la sentimentalización que la acompaña.[27] Otras han destacado su funcionalidad biopolítica y su uso instrumental dentro de lógicas estatales-penales: determinados contextos de justicia restaurativa se ven limitados cuando se institucionalizan y se convierten en meras técnicas despolitizadas de aplicación de justicia estatal.[28] Por último, se cuestiona el uso de categorías binarias (víctimas-culpables) que simplifican la complejidad de los conflictos.[29]

Como reacción al punitivismo y superación de las limitaciones de la justicia restaurativa, en la última década en Estados Unidos viene desarrollándose un interesante movimiento de justicia transformativa entre aquellos colectivos que no gozan del privilegio de poder llamar a la policía y contar con el sistema penal sin que eso suponga un agravamiento de sus problemas (personas afrodescendientes, trans...). En lugar de promover el castigo y el encarcelamiento, la denuncia y la exclusión, la justicia transformativa busca convertir los conflictos y la violencia en oportunidades para acabar con el sistema de estructuras

---

[25] Nuria Alabao «"Hay que acabar con la prohibición de la mediación en casos de violencia de género". Entrevista a Carme Guil, magistrada y presidenta del Grupo Europeo de Magistrados para la Mediación», *Ctxt.es*, noviembre de 2023.

[26] Andrea García González, *Calla y olvida. Violencias, conflicto vasco y la escucha vulnerable como propuesta feminista*, Iruña, Katakrak, 2024.

[27] Sara Ahmed, *La política cultural de las emociones*, Ciudad de México, PUEG-UNAM, 2015.

[28] Ejeris Dixon y Leah Lakshmi Piezpina-Samarasinha, *Beyond Survival. Strategies and Stories from the Transformative Justice Movement*, Chico, AK Press, 2020.

[29] Emma Bigé, «Interrompre le cycle des violences, transformer la communauté», *Multitudes*, núm. 88, 2022.

y relaciones que los generó.[30] La seguridad que se invoca desde estas experiencias no estriba en la fantasía de tranquilidad que supone la ausencia de conflictos, sino en la potencia de la comunidad a la hora de gestionarlos y las posibilidades de transformación social.[31]

La justicia transformativa va más allá de la justicia restaurativa: no se trata solo de una alternativa más para el sistema judicial retributivo, sino que busca cambiar las relaciones y las subjetividades en los espacios de apoyo mutuo en un horizonte anticapitalista. Ambas superan la justicia adjudicativa, que solo busca dirimir quién gana y quién pierde, y la retributiva, que busca esclarecer quién debe pagar. Además, en la justicia transformativa se huye de los lenguajes binaristas que dividen ontológicamente a víctimas y culpables y se innova en el lenguaje referido al conflicto como acción performativa que ya está transformando su estructura. Una de las maneras de hacerlo es la designación como sobrevivientes, y no como víctimas, a las personas que han experimentado violencia o una violación. El énfasis se pone en la celebración de la agencia que ha permitido sobrevivir a esas personas y no en su impotencia. Precisamente por el desafío a las estructuras mentales que supone, la justicia transformativa conlleva un ejercicio de metamorfosis emocional capaz de canalizar el dolor, el miedo, la vergüenza o el deseo de venganza en otras emociones que ponen en el centro el futuro de los miembros de la colectividad.[32]

El continuo aprendizaje a partir de las experiencias ha ido construyendo un repertorio de técnicas corporales y emocionales. Bajo estas consignas generales se trata de escalar al ámbito comunitario cualquier violencia para que sea la colectividad quien la gestione (de forma más o menos protocolizada), acompañar a las víctimas en todas sus necesidades e intentar que la parte agresora reconozca el daño como primer acto de reparación (y como vía para evitar su expulsión, leída como fracaso), siempre con el fin de promover su recuperación como sujeto positivo para la comunidad. De esta manera, el movimiento de justicia transformativa se ha atrevido con situaciones que van desde una agresión sexual a la investigación de homicidios, declinándose metodológicamente en distintos contextos (desde el uso del diálogo, a las ceremonias rituales sanadoras basadas en tradiciones ancestrales indígenas y afrodescendientes, pasando por el establecimiento de protocolos ante violencias en eventos, técnicas de desescalada, la investigación de aquellos elementos que proporcionan un sentimiento de mayor seguridad en la gente, recursos de salud, kits de emergencias, guías para hacerse cargo en crisis de salud mental,

---

[30] Ibídem.
[31] Ejeris Dixon y Leah Lakshmi Piezpina-Samarasinha, *op. cit.*
[32] Emma Bigé, *op. cit.*

formas de comunicación no violenta, santuarios para la defensa comunitaria, etc.).[33]

Algunos colectivos, como Safe OUTside the System y Audre Lorde Proyect,[34] han creado protocolos de intervención en caso del más mínimo conato de violencia en fiestas, habilitando roles como el de las personas encargadas de desescalar verbalmente, las que interlocutan con la policía o las que acompañan en el metro. Otros, como Oakland Power Proyects,[35] han editado guías de intervención sin policía en casos de crisis de salud mental o toxicomanía como marca característica de este movimiento.[36]

Por su parte, Interrupting Criminalization, un colectivo lanzado en 2018 por Andrea Ritchie y Mariame Kaba, ha creado un espacio colaborativo que funciona como centro de recursos para organizarse para la prevención, interrupción y reducción de daños causados por la criminalización de mujeres, niñas, personas trans y no conformes con el género, en materia de salud mental.[37] Entendiendo que las violencias directas se producen en contextos de carencia de vivienda o de salud, este colectivo busca respuestas coordinadas basadas en la comunidad que no impliquen intervenciones policiales o castigos.[38]

Una de las situaciones más características del movimiento de justicia transformativa son las ceremonias restaurativas. En ellas se busca el reconocimiento del daño por parte de la persona agresora, la restitución de dicho daño (tanto a la persona víctima como a su entorno comunitario) y, por último, el desarrollo de habilidades por parte de la comunidad para prevenir nuevos eventos. El proceso se cierra cuando el perpetrador atiende a la demanda (por ejemplo, en forma de escritura de una carta a la parte agredida) y muestra cotidianamente que trata de evitar con todas sus fuerzas el comportamiento dañino. ¿Pero qué pasa cuando quien ha hecho el daño no se hace cargo y no hay una comunidad fuerte que lo resitúe?

---

[33] Ejeris Dixon y Leah Lakshmi Piezpina-Samarasinha, *op. cit.*

[34] Safe OUTside the System y Audre Lorde Project, «*Excerpts from The Safer Party Toolkit*», en Dixon Ejeris y Leah Lakshmi Piepzna-Samarasinha, *Beyond Survival. Strategies and Stories from the Transformative Justice Movement*, Chico, AK Press, 2020, pp. 173-188.

[35] Oakland Power Projects, «*Maybe You Don't Have to Call 911?*», en Ejeris Dixon y Leah Lakshmi Piepzna-Samarasinha, *Beyond Survival. Strategies and Stories from the Transformative Justice Movement*, Chico, AK Press, 2020, pp. 141-156.

[36] Una de las más reseñadas es la de la caja de herramientas para afrontar la violencia interpersonal publicada en Oakland en 2009: «*Creative Interventions Toolkit*» publicada en castellano como «Toolkit. Caja de Herramientas. Una guía práctica para acabar con la violencia interpersonal» (disponible en internet).

[37] Interrupting Criminalization, «*Defund the Police – Invest in Community Care. A Guide to Alternative Mental Health Responses*», 2021.

[38] Organizaciones como *Care-Based Safety* (CBS) también buscan afrontar los conflictos desde enfoques de salud pública en salud mental como alternativa a la policía.

Mia Mingus,[39] del Bay Area Transformative Justice Collective, narra cómo han desarrollado modos de implementación de esta justicia transformativa allí donde no existe una comunidad que se responsabilice de la gestión o donde dicha comunidad resulte dañina. Este colectivo ha definido los *pods* como cápsulas caracterizadas por vínculos de confianza con personas a las que cada cual recurriría en caso de un problema grave. Especialmente utilizada en casos de violencia sexual y de abuso infantil, la metodología basada en *pods* parte de un análisis de redes con el fin de identificar las cápsulas relacionales de seguridad de las personas que sufren un daño.[40]

Las publicaciones sobre justicia transformativa, a diferencia de las de la justicia restaurativa, parten de prácticas alejadas de la academia y de los sistemas expertos. Sus herramientas se aprenden mediante talleres y formaciones en espacios activistas con la vocación de que no queden en manos de expertos o que su aprendizaje se limite a formaciones que habiliten para la acción en los conflictos mediante un título. Se trata, por el contrario, de implicar a todos los miembros de las comunidades en la idea de que el conflicto es suyo y solo suyo. A partir de talleres vivenciales se producen kits de herramientas como forma de comunicación de las prácticas y de generación de cultura antipunitiva. Su circulación libre tiene una clara vocación de evitar la producción de saberes expertos susceptibles de ser capitalizados por un nuevo campo de conocimiento.[41]

---

[39] Mia Mingus, «*Pods and Pod-Mapping Worksheet*», en Ejeris Dixon y Leah Lakshmi Piepzna-Samarasinha, *Beyond Survival. Strategies and Stories from the Transformative Justice Movement*, Chico, AK Press, 2020, pp. 119-126.

[40] El Bay Area Transformative Justice Collective (BATJC) ha publicado en su web materiales como la «Hoja de trabajo de mapeo de pods» y realiza formaciones en la metodología citada. Mediante el estudio de casos reales sobre abuso sexual infantil, abuso sexual en pareja o violencia en la crianza de hijos, se mapean las relaciones para representar visualmente las redes y los roles. Según narra Mia Mingus (*op. cit.*), «necesitábamos un término para describir el tipo de relación entre las personas que recurrirían unas a otras en busca de apoyo en torno a experiencias violentas, dañinas y abusivas, ya sea como sobrevivientes, transeúntes o personas que han hecho daño. Estas son las personas cercanas a las que llamaríamos en caso de necesitar apoyo con cosas como nuestra seguridad inmediata y continua, responsabilidad y transformación de comportamientos, o curación y resiliencia individual y colectiva». La idea de *pods* se adecuaría mejor a las realidades de muchas personas que no se sienten conectadas a una «comunidad» a la que acudir en la práctica o que la idealizan («comunidad feminista», «mi grupo de la iglesia»).

[41] Además de los citados, encontramos otros «toolkits» genéricos, como *Abolitionist Toolbox*, u otros centrados en la salud mental, como «*Practice Space*» de Interrupting Criminalization. Colectivos como Transformative Justice Kollevtif en Alemania, Alternative Justice en India o Sisters Uncut en Reino Unido vienen trasladando a otras geografías los principios y prácticas de la justicia transformativa.

Despolicialización

Las propuestas de despolicialización, como parte de la agenda anti-punitivista y abolicionista, comparten con la justicia restaurativa y la transformativa la crítica al sistema punitivo como productor de más violencia, desigualdad y represión, así como la necesidad de reducir la dependencia del Estado y las instituciones represivas. No obstante, lo específico de la despolicialización es el foco en el rol de la policía y en la desfinanciación y redistribución presupuestaria para canalizar recursos a otros fines sociales y comunitarios. No podemos entender estas propuestas sin conocer el recorrido que han hecho diferentes movimientos focalizados en lo policial en las últimas décadas.

De la denuncia de la violencia al abolicionismo policial

Desde que la derivada radical del Movimiento de Derechos Civiles, el Partido de las Panteras Negras, comenzara a denunciar la violencia policial en Estados Unidos y a llevar a cabo prácticas de vigilancia sobre las fuerzas de seguridad y de acompañamiento a las personas que sufrían dicha violencia,[42] en diversas geografías no han cesado de reproducirse movimientos de observación y de denuncia del trabajo policial, como las Cop Watch surgidas en Berkeley en 1990, que constituyen un claro precedente del movimiento Black Lives Matter. En Reino Unido, Netpol ha llevado a cabo una campaña de difusión de saberes sobre monitorización de la policía en manifestaciones o en expulsiones de personas extranjeras.[43] En Argentina, la Red de Cuidados Contra la Violencia Policial mapea en su web las prácticas de «gatillo fácil» en Buenos Aires.[44] En Estados Unidos, Vera documenta y analiza los costes sociales del encarcelamiento masivo y de la policialización.[45] En Francia, Basta ha documentado 861 muertes a manos de la policía desde 1977.[46]

En España, el trabajo de documentación y denuncia pública llevado a cabo por la Coordinadora para la Prevención y Denuncia de la Tortura, la intervención en el espacio público y los informes de las Brigadas Vecinales de Observación de Derechos Humanos, que entre 2009 y 2014 observaron, documentaron y difundieron los controles por perfil racial que realizaba la policía en la ciudad de Madrid,[47] o

---

[42] Jonina M. Abron, «"Servir al pueblo": los programas de supervivencia del Partido de las Panteras Negras», en *Partido de las Panteras Negras. Al servicio del pueblo. Manifiestos y programas*, Madrid, Libros Corrientes, 2018, pp. 11-38.

[43] Netpol, *Local Monitoring. A Practical Guide*, 2022.

[44] Web mapadelapolicia.com

[45] Web vera.org

[46] Web basta.media

[47] Laura Escudero, Sergio García y Natalia Slepoy, «Los controles de identidad como expresión de la seguridad diferencial», en Débora Ávila y Sergio García García (coords.), *Enclaves de riesgo. Gobierno neoliberal, desigualdad y control social*, Madrid, Traficantes de Sueños, 2015, pp. 179-198.

la iniciativa Txago[48] de documentación de casos de abuso policial en Donosti, son solo algunas de las experiencias más destacadas en la visibilización de la violencia y el racismo policial. Además, organizaciones como No Somos Delito, Legal Sol, Iridia, Red Jurídica o Defender a Quien Defiende han venido haciendo un trabajo intenso de denuncia jurídica e incidencia política en casos de persecución policial a los movimientos sociales. Del mismo modo, las múltiples acciones (manifestaciones, cajas de resistencia, etc.) surgidas con cada episodio represivo (detenciones, infiltraciones, violencia policial, etc.) han sido una de las marcas de los movimientos sociales en las últimas décadas.

Sin embargo, a mediados de la segunda década del siglo XXI se ha producido una reorientación de las políticas de muchos movimientos de denuncia de la policía, así como un salto de escala en el alcance de sus discursos. Cuando apareció el movimiento Black Lives Matter a partir de la muerte de Michael Brown en 2014, las demandas activistas para este y otros casos de letalidad policial se centraron principalmente en presentar cargos criminales contra los oficiales involucrados. Tres años más tarde, cuando los agentes de policía seguían matando a afrodescencientes como Thurman Blevins en Mineápolis, esos mismos activistas llamaron al ayuntamiento a desinvertir el 5 % del presupuesto en policía y a dirigir ese dinero hacia programas sociales.[49]

En el giro desde la denuncia de la violencia a la demanda de desmantelamiento de la policía, Chicago aparece como un foco referencial. El colectivo Young Women Empowerment Project (YWEP), por ejemplo, ha trabajado en la reducción de daños, tanto en el trabajo sexual como en el consumo de drogas, con jóvenes dedicados a actividades económicas de calle desde 2002. Esta y otras organizaciones de acción directa ante la policía, junto con colectivos de trabajadores sociales, han ido combinando la denuncia con iniciativas de justicia comunitaria o la lucha para que los colegios de los barrios pobres trabajasen con la justicia restaurativa y sin policía en la gestión de sus conflictos.

Tras dos asesinatos a manos de la policía en 2012 y 2015, colectivos como We Charged Genocide pasaron de la demanda de rendición de cuentas a la de la desfinanciación policial y la reinversión social en medio de los recortes y las políticas de austeridad puestas en marcha tras la crisis de 2008. Apoyándose en los postulados propuestos por la investigadora Micol Seigel[50] para desmontar pieza por pieza el poder azul, en 2018 se llevó a cabo una campaña en Chicago apoyada por 120 organizaciones sociales para mostrar en qué se podrían gastar los 95

---

[48] «Txago: Registro de violencias policiales», *SOS Racismo*, junio de 2023.
[49] Astead W. Herndon, «How a Pledge to Dismantle the Minneapolis Police Collapsed», *The New York Times*, septiembre de 2020.
[50] Micol Seigel, *Violence Work. State Power and the Limits of Police*, Nueva York, Duke University Press, 2018.

millones de dólares anuales que la ciudad destinaba a su departamento de policía. También se peleó para que desde el departamento de Educación no se renovase el acuerdo con la policía de la ciudad.

El otro enclave donde se gestan multitud de iniciativas encaminadas a la despolicialización es Oakland, en la Bahía de San Francisco. El trabajo de Oakland Power Projects (OPP) ha consistido en articular alternativas al teléfono 911 tras observar que cuando la gente llama para pedir ayuda médica de emergencia, en no pocas ocasiones aparece la policía hiriendo o incluso matando a quienes piden socorro. Capacitando a personas pertenecientes a comunidades afectadas por la violencia policial, OPP ha hecho un trabajo de formación en autogestión de problemas crónicos de salud física y mental o causados por la propia policía (heridas de bala). Del mismo modo, en la Bahía existe una larga tradición de prácticas de apoyo mutuo y justicia transformativa en materia de violencia de género y de abuso infantil.[51]

Con todos estos precedentes, en las primeras semanas de la pandemia del covid se estaba larvando un movimiento inédito en la historia de Estados Unidos. Pocos meses antes de la explosión de las protestas por la muerte de George Floyd en Mineápolis, en junio de 2020, se comenzó a denunciar la gestión de la crisis en algunas cárceles, llegándose a realizar acciones de protesta, como caravanas alrededor de las prisiones.

El movimiento partió del giro en las demandas de Black Lives Matter desde la rendición de cuentas a la reducción y abolición de la policía. Con la participación de importantes activistas como Angela Davis o Mariame Kaba y el apoyo activo de personajes populares como el exjugador de fútbol americano Colin Kaepernick,[52] el movimiento se dotó de una visión política, un análisis estructural y una organización estratégica, todo ello a una escala sin precedentes.

La explosión del «Defund the Police» en Estados Unidos

La imagen del policía Derek Chauvin con su rodilla cortando la respiración de George Floyd durante 8 minutos y 46 segundos el 25 de mayo de 2020 en el vecindario de Powderhorn, Mineápolis, corresponde a uno más de los más de mil casos de letalidad policial que se producen cada año en Estados Unidos. Sin embargo, su difusión alcanzó una escala nunca antes vista y puso el racismo policial en el centro de los debates públicos nacionales y globales. Clave en esto fue el uso del teléfono móvil y la difusión de vídeos por redes sociales, un arma de

---

[51] Dean Spade, *Apoyo mutuo. Construir solidaridad en sociedades en crisis*, Madrid, Traficantes de Sueños, 2022.
[52] Colin Kaepernick (ed.), *Abolition for the People. The Movement for a Future Without Policing & Prisons*, San Francisco, Kaepernick Publishing, 2021.

autodefensa inesperada en el movimiento antirracista. Miles de jóvenes que visualizaron la brutalidad policial mientras viajaban en transporte público, en las escuelas o en sus espacios de sociabilidad, hicieron que escalasen de manera rápida las expresiones de indignación y las demandas de rendición de cuentas.

Este asesinato implicó un salto de escala del movimiento *Black Lives Matter*, que sacó a la calle a millones de personas por toda la geografía estadounidense. Este movimiento se ha llegado a considerar el más importante de la historia de los Estados Unidos y el hecho de que tenga a la policía como objeto nos informa de la relevancia de esta institución en el sostenimiento del orden liberal y capitalista. Al cruzar el Atlántico, las manifestaciones de protesta de 2020 en distintas ciudades europeas también dieron lugar a colectivos centrados en la demanda de despolicialización, como Filthbusters en Londres.

El contexto social y político en el que se produce la explosión es relevante. 2020 fue un año electoral tras cuatro años del primer mandato de Donald Trump, incendiario representante del supremacismo blanco. También en medio de la eclosión y mortífera gestión de la pandemia del covid, la muerte de George Floyd se convirtió en un símbolo de la lucha antirracista que activistas como Angela Davis supieron conectar desde el primer momento con las demandas abolicionistas iniciadas en la década de 1970.[53]

Para sorpresa del entorno mediático *mainstream*, al poner los focos sobre los activistas vieron la luz multitud de argumentos coherentes e imaginativos que conectaban con el punto de vista de buena parte de la población, especialmente la población racializada. Ideas que anteriormente se consideraban «utópicas» o «radicales», pasaron a ser discutidas en *prime time*. La convicción con la que hablaban las voces más destacadas del movimiento ante la evidencia de la violencia de la policía y su ineficacia en la misión de aportar seguridad, proporcionaron un altavoz para socializar los argumentos que el movimiento abolicionista venía planteando desde cinco décadas atrás. Entre las influyentes voces que más se escucharon estaba la del popular jugador de fútbol americano Colin Kaepernick,[54] quien se apoyó en Gilmore[55] para sugerir que la policía constituye una institución clave en el mecanismo de producción de diferencias raciales que el capitalismo necesita para su funcionamiento. Desde diferentes tribunas se produjo además una prolífica construcción de argumentos que señalaban directamente a los mitos policiales. Justin Podur apuntó a la capacidad de llevar armas y de matar impunemente de una profesión que ocupaba

---

[53] Iciar Gutiérrez, «Así ve Angela Davis las protestas antirracistas en EEUU: "Me siento agradecida por estar viva y poder presenciarlo"», *eldiario.es*, junio de 2020.
[54] Colin Kaepernick, *op. cit.*
[55] Ruth W. Gilmore, *Geografía de la abolición*, Barcelona, Virus, 2024.

el puesto número 16 en la lista de trabajos más peligrosos en Estados Unidos (por detrás de otras muchas profesiones).[56] Desde 2005 hasta 2019, 12.600 personas habían muerto a manos de la policía y solo tres de ellos habían ido a la cárcel por homicidio.

Otras voces con una autoridad construida en las luchas, como la de Angela Davis,[57] interpelaron a la gente que habita en los barrios guetificados para invitar a cambiar el enfoque desde el que afrontar sus legítimos miedos: en lugar de demandar más policía (con la ineficiencia y el daño social que supone), el abordaje más prometedor tendría que venir del compromiso con la educación o el trabajo social, pues no existen reformas policiales capaces de solucionar los problemas estructurales de desigualdad de clase, raza y género. Como la misma Angela Davis señaló, en su día también se advirtió del colapso social que supondría la abolición de la esclavitud.

Otra renombrada activista, Mariame Kaba,[58] ponía el acento en el evidente fracaso de la reforma policial como punto de partida de la difusión de las propuestas abolicionistas. Después de distintas crisis suscitadas por el racismo policial, las reformas habían contribuido a aumentar los recursos destinados a la policía. Naomi Murakawa veía con perplejidad cómo la brutalidad policial y las crisis policiales se habían traducido en un aumento de fondos para los propios cuerpos policiales.[59] Ya en la década de 1960, el presidente Lyndon Johnson creó una comisión para analizar la vigilancia policial después del movimiento por los derechos civiles, al tiempo que se destinaban miles de millones de dólares a los departamentos de policía locales.[60] Atendiendo al origen de la institución policial, que no es otro que la persecución de esclavos en el sur y las huelgas de trabajadores en el norte de Estados Unidos, dichas reformas no podían sino endulzar retóricamente su misión histórica.

Desde el movimiento anarquista, el colectivo CrimethInc también ofrecía una interpretación de la historia de la policía que explicaba por qué esta institución es irreformable desde el punto de vista

---

[56] Justin Podur, «La policía es irrelevante para la seguridad ciudadana», *El Salto*, junio de 2020.

[57] Angela Y. Davis, «Believe in New Possibilities», en Colin Kaepernick (ed.), *Abolition for the People. The Movement for a Future Without Policing & Prisons*, San Francisco, Kaepernick Publishing, 2021, pp. 18-23.

[58] Mariame Kaba, «Sí, literal, acabar con la Policía», en VV.AA., *Fuck the Police! Genealogía de la policía como institución racista en USA*, San Cristóbal de las Casas, La Reci, 2021, pp. 17-26.

[59] Naomi Murakawa, «Three Traps of Police Reform», en Colin Kaepernick (ed.), *Abolition for the People. The Movement for a Future Without Policing & Prisons*, San Francisco, Kaepernick Publishing, 2021, pp. 164-171.

[60] Ben Kesslen, «Calls to reform, defund, dismantle and abolish the police, explained», *NBC News*, junio de 2020.

del movimiento de afrodescendientes en Estados Unidos. El origen de la institución se remonta, por un lado, a la persecución de esclavos en el sur llevada a cabo por patrullas de voluntarios que posteriormente se profesionalizaron y, por otro, a la historia de una cuerpo represivo que surge en Reino Unido para controlar y reprimir de manera lo menos letal posible a las poblaciones blancas de clase trabajadora en huelga. El diferencial entre ambos orígenes, una policía creada para dar muerte a esclavos negros y otra para reprimir con vida a obreros blancos hablaba de las dos almas de la policía y si bien la segunda abre la puerta a pensar posibilidades de reforma, la primera las clausura inmediatamente.[61] Informes llevados a cabo por organizaciones de base como el de The Center for Popular Democracy, demuestran la continuidad histórica de la institución policial con el pasado esclavista mediante datos elocuentes, como la probabilidad 8,5 veces superior de las personas afroamericanas e indias de ser arrestadas por pequeños crímenes, frente a la de personas blancas.[62]

De manera coherente con ese argumentario, el movimiento abolicionista activó una enorme imaginación política sobre las alternativas a la policía. Las propuestas se centraban en desinvertir en policía, tal y como el ayuntamiento de Mineápolis, ciudad donde fue asesinado George Floyd, empezó a debatir ese mismo verano. La reinversión de ese importante presupuesto podría destinarse a programas de salud mental, *housing first*, equipos de calle especializados en crisis y acción comunitaria en barrios deprimidos. El colectivo MPD150 se convirtió en un interlocutor legitimado para hacer propuestas públicas en torno a la sustitución de la policía por psicólogos, trabajadores sociales, líderes religiosos o comunitarios, en la gestión de las crisis en las comunidades pobres. También se trataba de consolidar iniciativas piloto municipales que se basaban en el «envío de profesionales de la salud mental en respuesta a las llamadas de salud mental y de técnicos de emergencias sanitarias del Departamento de Bomberos en el caso de llamadas por sobredosis de opiáceos, sin policías».[63] Eso no significaba prescindir por el momento de la policía en los crímenes más violentos, sino ofrecer alternativas a la intervención policial en múltiples asuntos en los que otras figuras habían mostrado más eficacia y menos efectos nocivos, además de un mayor respeto por los derechos humanos.

---

[61] CrimethInc., «Patrullas de personas esclavizadas y servidores civiles. Una historia de la vigilancia en dos modos», en VV.AA., *Fuck the Police! Genealogía de la policía como institución racista en USA*, San Cristóbal de las Casas, La Reci, 2021, pp. 27-52.
[62] The Center for Popular Democracy; Law for Black Lives y Black Youth Project 100, *Freedom to Thrive: Reimagining Safety & Security in Our Communities*, 2020.
[63] Javier Biosca, «Qué significa "desmantelar la policía": claves de la propuesta surgida en EEUU para acabar con la violencia policial», *eldiario.es*, junio de 2020.

En los años sucesivos se han replicado en diferentes contextos locales iniciativas participativas e imaginativas para reinvertir los desproporcionados presupuestos de policía. En Phoenix se ha elaborado *El Presupuesto del Pueblo*, un informe exhaustivo sobre presupuestos participativos basado en cuatro años de investigación comunitaria para reinvertir los fondos de la policía en las comunidades, a iniciativa de la organización Poder in Action.[64] En Nueva York, Communities United for Police Reform[65] también ha estudiado la reforma de los presupuestos de la ciudad para sacar a la policía de lo social y reinvertir en políticas sociales. Este cambio de prioridades económicas va acompañado de un enfoque de los problemas sociales que apuesta por la despenalización y descriminalización de las drogas, el trabajo sexual, las prácticas de supervivencia de las personas sin hogar y las prácticas de uso del espacio público de clases subalternas, como modo de adelgazar ostensiblemente el sistema punitivo. Por áreas temáticas, la campaña *Breathe*, promovida por The Movement for Black Lives, lleva a cabo propuestas concretas para crear escuelas libres de policía y donde reinen los programas de justicia restaurativa. También apuesta por la proliferación de actores capacitados en el trauma a los que se pueda recurrir en situaciones de violencia doméstica o en crisis de salud mental.[66]

Las medidas efectivas adoptadas por las corporaciones locales no han reflejado, sin embargo, la coherencia de las propuestas. Pese a que Mineápolis aprobó disolver el departamento de policía y reemplazarlo por un sistema de seguridad pública dirigido por la comunidad después del asesinato de Floyd, algunos concejales demócratas cambiaron de opinión en septiembre para apostar finalmente por tibias reformas policiales, como reducir las horas extras, prohibir las estrangulaciones, establecer cambios en la operativa policial para desescalar situaciones y presentar informes sobre el uso de la fuerza.[67] A pesar de la creación de alternativas a las respuestas policiales, se acabó por barajar incluso la expansión del reclutamiento de oficiales en 2022. En Seattle, otra ciudad que reaccionó tempranamente al calor de los acontecimientos, el compromiso de recorte del presupuesto del departamento de Policía en un 50 % finalmente quedó en un 11,2 %. Por su parte, San Francisco aprobó desviar 60 millones de dólares del presupuesto de policía hacia el departamento de salud pública, aunque en el contexto acotado de la incidencia del coronavirus. En Los Ángeles,

---

[64] Poder in Action, *El Presupuesto del Pueblo*, 2023.
[65] Communities United for Police Reform (CUPR), *A New York City Budget for Safety & Dignity*, Nueva York, 2023.
[66] Web m4blaction.org
[67] Astead W. Herndon, «How a Pledge to Dismantle the Minneapolis Police Collapsed», *The New York Times*, septiembre de 2020.

que gasta la cuarta parte de su presupuesto en policía, se desviaron 150 millones de dólares a las comunidades afrodescendientes, aunque no necesariamente a reinversiones transformadoras (poda de árboles, arreglo de aceras...). En Oakland se formó un grupo de trabajo liderado por las comunidades para reimaginar la seguridad pública y recomendar cambios presupuestarios, si bien pronto aparecieron diferencias de enfoque sobre la desfinanciación, o no, de la policía.[68]

El terremoto político provocado por el replanteamiento de los presupuestos y prioridades en muchas ciudades chocó con una fuerte oposición republicana así como con el temor de los demócratas en un año electoral. Aunque las 50 ciudades más grandes de Estados Unidos redujeron sus presupuestos policiales en 2021 en un 5,2 %, sobre todo debido al relajamiento de las medidas tomadas en la crisis del covid, la proporción del gasto en las fuerzas del orden en relación con el total aumentó ligeramente desde el 13,6 % al 13,7 %, todo ello en un contexto de giro político en las grandes ciudades a favor del Partido Demócrata.[69]

Las respuestas reaccionarias constituyen una constante allí donde se producen avances igualitarios y contra los privilegios. Por ello, más allá de éxitos o fracasos en el plano de las políticas oficiales, habría que preguntarse si las conquistas sociales y políticas se miden solo por un cambio legislativo o presupuestario o si debemos atender a lo que un movimiento revoluciona en el plano cultural y en el largo plazo. Cada campaña y colectivo que lucha por la despolicialización desde hace décadas ha ido resonando en otros y contribuyendo a la explosión de 2020, del mismo modo que su multiplicación desde ese acontecimiento ha ido generando, especialmente entre los más jóvenes, una visión sobre la seguridad y la policía que va a tener efectos duraderos. Un estudio realizado por Movement for Black Lives (M4BL) y GenForward muestra que entre las comunidades afrodescendientes las medidas de desfinanciación de la policía obtienen más apoyo allí donde se presentan más alternativas.[70] Los resultados de este estudio muestran que el temor a la policía en las comunidades negras durante las situaciones de crisis y emergencia es muy elevado. Aunque la mayoría acudiría a la policía en busca de ayuda ante la falta de alternativas concretas, su opinión cambia cuando a los encuestados se les presentan alternativas a la actuación policial. Así, el 86 % de las personas negras apoyan la creación de una nueva agencia de «primeros socorristas» especializados en reducir la violencia y acompañar en crisis de salud mental y otras cuestiones sociales.

---

[68] Fola Akinnibi, Sarah Holder y Christopher Cannon, «Cities Say They Want to Defund the Police. Their Budgets Say Otherwise», *Bloomberg*, enero de 2021.
[69] Ibídem.
[70] Movement for Black Lives (M4BL) y GenForward, *Perspectives on Community Safety from Black America*, 2024.

La nueva agenda abolicionista se está desarrollando a partir de acciones en pos de la despolicialización que llevan a cabo organizaciones de base. Erica R. Meiners cita a un movimiento juvenil *queer* que se rebela ante la presencia de la Policía en los espacios escolares (un 58 % de las escuelas en Estados Unidos tienen policías, pero la presencia de psicólogos y trabajadores sociales es mucho menor).[71] Decenas de colectivos, como MPD150 en Mineápolis, investigan las posibilidades que se abrirían reduciendo o eliminando los presupuestos para departamentos de policía en distintas ciudades.[72] Tras 2023, el año con mayor letalidad policial registrado, voces activistas como la de Andrea J. Ritchie y colectivos como Interrupting Criminalization mantienen viva la llama despolicializadora en Estados Unidos.[73] Luchas como la que se libra en Atlanta contra la construcción de Cop City, un megacomplejo policial, ha unido a los abolicionistas con el movimiento ecologista que quiere proteger el bosque donde se construiría. Organizaciones como Decarcerate Memphis continúan produciendo inteligencia, documentando cómo la policía realiza proporcionalmente muchos más controles de tráfico a automovilistas no blancos y demostrando el fracaso de estos dispositivos en el cometido de seguridad que los justifica.[74] La campaña *Cancel The Contract,* impulsada por organizaciones comunitarias de Antelope Valley (Los Angeles) para luchar contra el acuerdo que existe entre las escuelas y la policía, promueve la adopción de medidas alternativas para gestionar la conflictividad escolar.[75]

Además de la multiplicación de luchas descentralizadas a nivel local, los términos del debate sobre la fiscalización de la policía también han variado ostensiblemente. Las campañas de rendición de cuentas por disparos o por el algoritmo racista en las bases de datos sobre bandas siguen siendo denunciados como en la década anterior. Sin embargo, el movimiento Black Lives Matter ya no habla tanto, por ejemplo, de rendición de cuentas y de juzgar a policías, como de racismo y violencia estructural de una institución a la que ya no se quiere tanto fiscalizar, como reducir su poder.[76]

El ecosistema abolicionista actual está promoviendo prácticas de justicia transformativa y también los Safety Labs, laboratorios de seguridad para aprender a actuar en situaciones violentas. Los colectivos están buscando, además, alianzas con otras organizaciones no

---

[71] Erica R. Meiners, «Snaps! Collective (Queer) Abolition Organizing Created This Moment», en Colin Kaepernick (ed.), *Abolition for the People. The Movement for a Future Without Policing & Prisons*, San Francisco, Kaepernick Publishing, 2021, pp. 67-73.

[72] Web mpd150.com

[73] Web interruptingcriminalization.com

[74] Web decarceratememphis.com

[75] Web ctcav.org

[76] Angela Davis, Gina Dent, Erica R. Meiners y Beth E. Richie, *op. cit.*

específicamente abolicionistas como, por ejemplo, sindicatos. Algunos sindicatos de profesores se están haciendo abolicionistas y apostando por la justicia restaurativa, creando «escuelas santuario» y denunciando la instalación de videovigilancia en escuelas que a la vez están siendo desfinanciadas.[77]

Se elaboran multitud de manuales, se llevan a cabo formaciones, aparecen nuevas publicaciones de temática abolicionista tanto a nivel activista como académico. La principal conclusión a la que podemos llegar es que el abolicionismo policial no es la demanda de eliminación de los departamentos de policía, sino todas las prácticas culturales que se están construyendo de manera prefigurativa para hacerla obsoleta. Siguiendo a Sarah Lamble, se trata de una abolición cotidiana,[78] que está identificando y desafiando las lógicas punitivas en contextos ordinarios, cambiando las respuestas al daño desde el castigo y el aislamiento hacia el ofrecimiento de apoyo, seguridad, curación y conexión (incluso cuando es difícil convivir con quienes han causado el perjuicio), todo ello por medio del desarrollo de las capacidades colectivas para prevenir nuevas violencias y fomentar la rendición de cuentas y la reparación.

Desafíos actuales en España

A pesar de la progresiva invisibilización de la realidad de las cárceles, en el Estado español existe una cierta tradición de denuncia de lo que acontece en su interior, así como de acompañamiento a las personas presas y sus familias, que hunde sus raíces en el movimiento de insumisión, en el movimiento de denuncia de las violencias sobre los barrios y poblaciones marginadas y en el de apoyo a militantes anarquistas encarcelados. A través de colectivos como Salhaketa,[79] el Colectivo de Apoyo a Mujeres Presas de Aragón (CAMPA)[80] o el grupo anticarcelario de Tarragona La Corda,[81] este trabajo militante, y a veces profesional, ha formado parte también de estructuras de denuncia de la violencia institucional y apoyo directo a las personas afectadas, como Coordinadora de Barrios.[82] El trabajo de estas organizaciones se ha visto reforzado por un cierto movimiento académico de criminología crítica nucleado alrededor del Observatorio del Sistema Penal y de los Derechos Humanos (OSPDH),[83] el Grupo de Estudios de Historia de las Prisiones y las Instituciones Pu-

---

[77] Ibídem.
[78] Sarah Lamble, «Practising Everyday Abolition», en Koshka Duff (ed.), *Abolishing the Police: An Illustrated Introduction*, Londres, Dog Section Press, 2023.
[79] Web salhaketa-nafarroa.com
[80] Web campazgzwordpress.com
[81] Web lacorda.noblogs.org
[82] Web coordinadoradebarrios.org
[83] Web del Observatorio del sistema penal y los derechos humanos de la Universidad de Barcelona.

nitivas (GEHPIP),[84] la Fábrica de lo Social[85] y otros grupos en universidades como la de A Coruña o Girona con posiciones muy críticas con el punitivismo.

Sin embargo, la crítica de la razón policial[86] ha necesitado más tiempo para madurar y convertirse en un foco antipunitivista fundamental. Pese a que la intensidad del movimiento Defund the Police se diluyó a los pocos meses y a que la reducción de los departamentos policiales quedó en papel mojado en la mayor parte de las ciudades, la impronta de este movimiento sigue teniendo hoy una enorme importancia en cuanto a la desnaturalización de una de las instituciones más sagradas de nuestra sociedad. Los ecos de esa incipiente transformación cultural también han aterrizado en nuestra geografía y están siendo analizados en sus claves y potencias por el colectivo de investigación militante SinPoli.[87]

Entre las propuestas antipunitivas a la hora de construir otra cultura del conflicto no policial, el impulso más importante lo estamos encontrando en los espacios transfeministas, los cuales ponen el acento en las alternativas comunitarias a los conflictos. En los últimos años, en los espacios militantes, festivos y universitarios se han activado multitud de estrategias, prácticas y sensibilidades canalizadas a través de puntos violetas, comisiones de cuidados y mediación, así como procesos de autoformación para hacerse cargo de las violencias machistas, intentando no reproducir, al mismo tiempo, lógicas punitivas en el seno de los propios movimientos.[88] Es interesante hacer notar cómo el debate sobre la violencia en el seno del feminismo autónomo,[89] sobre todo a partir de la «Ley del solo sí es sí», del caso Rubiales o del caso Errejón, ha contribuido a visibilizar el antipunitivismo, aunque también ha introducido tensiones entre colectivos alrededor de su significado.[90]

---

[84] Web historiadelaprision.wordpress.com

[85] Web lafabricadelosocial.org

[86] Pablo Lópiz Cantó y Daniel Jiménez Franco, «Vergüenza nos daría... Razón policial y daño social», *El Salto*, junio de 2023.

[87] Para conocer las intenciones iniciales de la iniciativa, véase SinPoli, «De la policía a la política (o cómo hacerse cargo del conflicto "sin poli")», Blog *Metropolice,* en *El Salto Diario*, junio de 2023. Algunos avances de la investigación militante que lleva a cabo el colectivo pueden leerse en SinPoli, «Explorando la despolicialización: cinco estrategias para pensar desde nuestros entornos», Blog *Metropolice,* en *El Salto Diario*, noviembre de 2024.

[88] En distintos espacios autogestionados se están realizando jornadas de autoformación dedicadas a la justicia transformativa. Véase Comisión de Género de la Cinétika, «Justicia transformativa: del dicho al hecho», *Ctxt.es*, noviembre de 2024.

[89] Laura Macaya, «La invasión reaccionaria», *Ctxt.es*, marzo de 2022.

[90] Véase Justa Montero, «Los efectos indeseados del debate de la Ley del "solo sí es sí"», *Ctxt.es*, febrero de 2023; Colectivo Cantoneras, «Un linchamiento feminista da la puntilla a la nueva política», *Ctxt.es*, octubre de 2024; Valentina Huelga, «¿Cómo salir

Un segundo ámbito donde pueden encontrarse los ecos de esa cultura despoliciadora del conflicto es el de las redes comunitarias de colectivos de lucha por la vivienda y contra las fronteras en territorios concretos. El trabajo de acompañamiento a violencias del colectivo AAMAS[91] y la iniciativa de incidencia local A l'aguait, ambas dentro de la Xarxa d'Estructures Populars i Comunitàries de Manresa, son el mejor ejemplo de la búsqueda de alternativas no policiales a partir de interlocuciones y alianzas diversas en los conflictos urbanos que surgen de la precariedad y de la emergencia del discurso de extrema derecha en los territorios. Además, otras iniciativas, como Aukeraz en Iruña, están explorando formas de gestión autónoma del conflicto en espacios barriales.

Un tercer ámbito que *a priori* cuesta relacionar con la despolicialización militante, pero que se ha potenciado en los últimos años a partir de la constatación material del fracaso de las intervenciones punitivas es el de ciertos espacios institucionales que están experimentando con fórmulas no policiales de abordaje de conflictos. Estas iniciativas se están produciendo en la educación formal y no formal (mediación escolar, comisiones de convivencia...), pero también tuvieron un impulso en algunas experiencias puestas en marcha en municipios del área metropolitana de Barcelona (como un programa de intervención comunitaria en San Boi de Llobregat en el que integradoras sociales intermedian en la calle con jóvenes en los espacios públicos, sin intervención policial).[92] Estas iniciativas ambivalentes, que pueden tanto derivar en un control social blando como abrir vías de democratización de los conflictos de convivencia, constituyen un ámbito estratégico para la producción de una cultura despolicializadora del conflicto al que es preciso prestar atención, pues pueden disputar directamente el espacio a una institución policial que busca constantemente ensanchar su campo de intervención.

Estos tres ámbitos preferentes se han venido a sumar a las prácticas informales que, aunque de forma muy precaria, distintas comunidades racializadas (personas gitanas y migrantes) y colectivos criminalizados (como el de las trabajadoras sexuales) llevan a cabo de forma rutinaria, en la gestión de sus conflictos cotidianos. Y es precisamente observando las prácticas impuras de la gestión cotidiana de conflictos, que emergen una serie de desafíos de cara a una agenda antipunitiva.

En primer lugar, la necesidad de no reproducir esquemas binarios entre acciones punitivas y antipunitivas, sino más bien de

---

de la trampa? Narrativas feministas frente al cerco mediático y al punitivismo», en La Laboratoria (ed.), *Esa violencia que no es una...*, 2024, pp. 17-32.

[91] Colectivo AAMAS, «Con penas y sin glorias: reflexiones desde un feminismo antipunitivo y comunitario», *Ctxt.es*, abril 2022.

[92] Ana Torres, «Vecinos jóvenes en lugar de policías para resolver problemas de convivencia en zonas conflictivas», *El País*, noviembre de 2022.

considerar lo antipunitivo (y lo despolicial) como un horizonte orientativo en cada situación que no siempre es posible aplicar en términos absolutos (bien porque existe una denuncia previa, bien porque la voluntad de las partes implicadas no es la de renunciar a la policía). Al hablar de vivir «sin Policía» se trata más bien de aplicar un pragmatismo radical tendente a reducir su presencia, su influencia y su daño, pero asumiendo que en ocasiones nuestro papel va a ser el de acompañar y fortalecer alianzas comunitarias a pesar de lo policial.

En segundo lugar, y relacionado con lo anterior, el propósito de no reproducir otro esquema dicotómico, esta vez entre espacios de autonomía y Estado, sino más bien de partir de la porosidad de esos límites y de la producción de autonomía comunitaria en cualquier lugar (vecindarios, grupos juveniles, culturales, etc.), incluidos los espacios del propio Estado (espacios educativos, sanitarios, de intervención social, etc.) a la hora de construir una cultura del conflicto no punitiva.

En tercer lugar, partiendo de la premisa de un abolicionismo cotidiano, el objetivo de salir de esquemas dicotómicos que plantean los conflictos en términos de resolución / no resolución y las acciones de despolicialización en términos de éxito / fracaso. Los conflictos no se resuelven, se transforman en algo que podemos manejar desde otro marco, en ocasiones dando lugar a nuevos conflictos. Al mismo tiempo, la despolicialización no consiste solo en reducir el presupuesto y las plantillas de las fuerzas del orden, sino en rebajar la dependencia de esa institución a la hora de gobernar nuestras propias vidas, espacios y conflictos.

Por último, si de lo que estamos hablando es de la posibilidad de generar espacios de reparación y transformación, debemos plantearnos seriamente los repertorios conceptuales y emocionales con los que abordamos a las personas que hacen daño. Para que alguien pueda responsabilizarse de dichos daños, hace falta construir una cultura del perdón, un ensanchamiento de la comprensión de las vulnerabilidades de quien agrede y una construcción de salidas que no excluyan.

Estas cuatro premisas pueden ser fundamentales ante los tiempos duros que se nos vienen. Aunque es previsible que la copaganda y su producción de cultura policial del conflicto deje de resultar tan eficaz cuando nuevos gobiernos de derecha y ultraderecha dejen las manos aún más libres al 80 % de policías que se sitúan en ese espectro político, conviene ir acumulando fuerzas comunitarias y repertorios epistémicos y emocionales para lidiar con nuestros propios marrones y violencias sin regalárselo a las instituciones reaccionarias. No es fácil, no es cómodo, no es rápido, pero no nos queda otra.

Participan en este número

Nuria Alabao. Periodista y doctora en Antropología Social y Cultural. Coordina la sección de Feminismos de *Ctxt.es*, forma parte del Consejo Editorial de Zona de Estrategia y es miembro del Colectivo Cantoneras. Investiga y escribe sobre extremas derechas y feminismo. Su último libro es *Las guerras del género. La política sexual de las derechas radicales* (Katakrak, 2025).

Albert Sales Campos. Politólogo y doctor en Criminología. Actualmente es investigador en el Instituto Metròpoli de Barcelona. Ha analizado las políticas para hacer frente a la exclusión residencial y el sinhogarismo desde la investigación aplicada y la reflexión teórica. Cuenta con trabajos recientes acerca de la criminalización de la pobreza, el populismo punitivo y la radicalización xenófoba.

Nora Rodríguez. Abogada penalista especializada en delitos de odio y Derechos Humanos. Ha participado en investigaciones sobre grupos de extrema derecha españoles. Es coautora del Informe *De los neocon a los neonazis* de la Fundación Rosa Luxemburgo y del estudio sobre lawfare contra activistas y políticas feministas.

Laura Macaya Andrés. Educadora social, con formación en Derecho y Máster en Estudios de Mujeres, Género y Ciudadanía. Militante feminista antipunitivista, trabaja y escribe sobre violencias machistas, justicia transformativa y crítica a la cultura de la cancelación. Es coautora y autora de diversos materiales entre ellos *Putas e insumisas*, *Alianzas rebeldes* y *Conflicto no es lo mismo que abuso*. Forma parte de Genera y de la Fundación de los Comunes.

Marisa Pérez Colina. Politóloga y traductora. Actualmente trabaja como coordinadora de la Fundación de los Comunes y forma parte del CSA La Villana de Vallekas, de la PAH de Vallekas y del Colectivo Cantoneras. Ha colaborado en la escritura colectiva de varios libros, entre ellos, *A la deriva. Por los circuitos de la precariedad en femenino*, *Cojos y precarias, haciendo vidas que importan* y *Familia, raza, nación en tiempos de posfascismo*, todos ellos publicados por Traficantes de Sueños.

Sergio García García. Trabaja como profesor de Antropología Social en la Universidad Complutense de Madrid. Actualmente forma parte del colectivo SinPoli, así como del Grupo de Investigación de Historia de las Prisiones y de las Instituciones Punitivas. Es coautor del libro *Enclaves de riesgo. Gobierno neoliberal, desigualdad y control social* (Traficantes de Sueños, 2015) y de *Metropolice. Seguridad y policía en la ciudad neoliberal* (Traficantes de Sueños, 2021).